TROISIÈME

MÉMOIRE

SUR

L'EMPLOI DE L'IODE

DANS

LES MALADIES SCROFULEUSES.

OUVRAGES DU MÊME AUTEUR,

CHEZ LE MÊME LIBRAIRE.

MÉMOIRE SUR L'EMPLOI DE L'IODE DANS LES MALADIES SCROFULEUSES, lu à l'Académie royale des Sciences dans la séance du 22 juin 1829; par J. G. A. LUGOL, médecin de l'hôpital Saint-Louis; précédé du Rapport fait par MM. SERRES, MAGENDIE et DUMÉRIL. *Paris*, 1829, in-8. . . . . 2 fr. 50 c.

MÉMOIRE SUR L'EMPLOI DES BAINS IODURÉS DANS LES MALADIES SCROFULEUSES, suivi d'un tableau pour servir à l'administration des bains iodurés selon les âges; par J. G. A. LUGOL, médecin de l'hôpital Saint-Louis. *Paris*, 1830, in-8. . . . . 2 fr.

PARIS. — IMPRIMERIE DE COSSON,
Rue Saint-Germain-des-Prés, n° 9.

TROISIÈME

MÉMOIRE

SUR

L'EMPLOI DE L'IODE

DANS

LES MALADIES SCROFULEUSES,

SUIVI D'UN PRÉCIS

SUR L'ART

DE FORMULER LES PRÉPARATIONS IODURÉES,

PAR J. G. A. LUGOL,

MÉDECIN DE L'HOPITAL SAINT-LOUIS.

PRÉCÉDÉ DU

RAPPORT FAIT A L'ACADÉMIE DES SCIENCES,

PAR MM. DUMÉRIL ET MAGENDIE.

Paris.

J. B. BAILLIÈRE,

LIBRAIRE DE L'ACADÉMIE ROYALE DE MÉDECINE,

Rue de l'École de Médecine, n° 13 *bis*.

LONDRES, MÊME MAISON, 219 REGENT STREET.

MAI 1831.

AVERTISSEMENT.

Depuis la publication de mon premier Mémoire sur l'emploi de l'iode dans les maladies scrofuleuses, je continue mes travaux de recherche pour trouver le degré d'efficacité de ce précieux remède contre cette espèce de maladies très-nombreuses, et par conséquent très-intéressantes à étudier.

La suite de mes travaux n'a pas donné seulement de résultats semblables à ceux que j'ai déjà publiés ; nous avons encore obtenu, à hôpital Saint-Louis, par les préparations iodurées, des succès si complets dans les cas les plus difficiles, notamment dans plusieurs cas de consomption scrofuleuse au plus haut degré, que j'ai cru devoir me récuser moi-même à les raconter sous ma seule caution.

J'ai donc eu l'honneur d'écrire à l'Académie des Sciences pour la prier de soumettre mes expérimentations sur l'iode aux investigations d'une nouvelle commission prise dans son sein.

MM. Duméril et Magendie, ayant été désignés par l'Académie, m'ont fait l'honneur de venir à l'hôpital Saint-Louis ; et l'on verra, par le rapport de mes illustres commissaires, que plusieurs des succès dont je vais donner le récit sont en effet d'un ordre tellement inattendu, même après ceux qui ont déjà été constatés par une première commission, qu'il était nécessaire de les appuyer de témoignages irrécusables avant de les livrer à l'impression.

ACADÉMIE ROYALE DES SCIENCES.

RAPPORT

Fait à l'Académie royale des Sciences, sur le traitement des maladies scrofuleuses, à l'hôpital Saint-Louis, par les préparations d'iode.

Sur la demande de M. le docteur Lugol, médecin de l'hôpital Saint-Louis, l'Académie a nommé une commission qui devait se transporter à cet hôpital, afin d'y constater les effets avantageux que produit l'iode dans la cure des maladies scrofuleuses les plus graves.

M. Duméril et moi, nous avons été chargés de cette honorable mission, dont nous venons vous rendre compte.

Déjà l'Académie sait, par un rapport que nous avons eu l'honneur de lui faire, avec quel succès M. Lugol traite les scrofules au moyen des préparations d'iode ; ce succès est tel qu'une maladie très-commune, surtout dans les classes pauvres, et d'un traitement long et si difficile qu'elle est exclue de nos hôpitaux par un règlement en vigueur, devient curable dans un temps limité et par des moyens peu dispendieux, et qu'ainsi les nombreux indigens qui en sont atteints ont droit à être admis et traités dans les hôpitaux comme tous les autres malades.

Les nouveaux faits que vos commissaires ont vérifiés seraient de nature à donner sur ce point une entière conviction, si déjà elle n'était acquise. Ce ne sont plus, en effet, des maladies scrofuleuses à un premier, ou même à un second degré dont la guérison nous a été démontrée, mais bien des scrofules aussi avancés que possible, de véritables consomptions scrofuleuses, comme on les nomme en médecine.

Des altérations profondes des glandes et des divers autres organes, des lésions graves des os et de leurs principales articulations, accompagnées de ces accidens généraux qui annoncent une mort prochaine, ont été, et, disons-le, en grand nombre, entièrement guéries dans l'espace de quelques mois; et, sauf les traces ineffaçables de maux aussi invétérés, les malades jouissent de toute la santé qu'il leur est possible d'obtenir.

Ces résultats sont d'autant plus dignes d'intérêt

et d'autant plus satisfaisans que la plupart des malades que M. Lugol a soumis à son traitement étaient, avant de le commencer, dans un état désespéré, et qu'il ne les avait admis dans ses salles que comme des exemples déplorables des ravages que peut faire un mal sans ressource.

L'un de vos commissaires est peut-être mieux placé que tout autre pour apprécier le mérite des recherches cliniques de M. Lugol : médecin dans le plus vaste hospice de Paris, d'une division nombreuse remplie par des maladies organiques que l'art impuissant abandonne, il a continuellement sous les yeux des malheureux qui, avec la sinistre qualité d'*incurables*, viennent, au milieu de souffrances aussi difficiles à peindre qu'à adoucir, mourir dans l'hospice, n'ayant pu être guéris dans les hôpitaux.

Parmi les infortunés auxquels le sort a réservé cette destinée, se trouvent fréquemment des scrofuleux dont les mutilations sont vraiment horribles : avant la découverte de l'iode, ils étaient tous voués à une mort certaine; mais, après l'introduction de l'iode et du brôme dans la thérapeutique, votre commissaire a eu la douce satisfaction de rendre à la vie, et même à une existence tolérable, plusieurs de ces incurables; et, ce qu'il n'est pas inutile de dire, ces guérisons ont été aussi rapides qu'inattendues.

Nous n'entrerons pas ici dans l'exposé des faits particuliers que M. Lugol a soumis à notre vérification ; nous en avons joint quelques-uns à ce rapport, mais ils ne sont pas de nature à être lus. Ces peintures attristeraient vos esprits, sans aucun avantage pour la science. Une remarque est cependant nécessaire : dans les cas de tumeur aux articulations, avec carie, ou autre altération du tissu osseux, au lieu de conseiller un repos absolu, comme les chirurgiens le veulent généralement, M. Lugol met, au nombre de ses moyens curatifs, un exercice régulier ; et les cas de ce genre qu'il nous a montrés, et dont on trouvera un sommaire à la fin de ce rapport, ne nous laissent pas d'incertitude sur l'avantage qu'il peut y avoir à déroger, sur ce point, à la règle prescrite.

Nous l'avons déjà dit dans notre précédent rapport : M. Lugol ne prétend point à la découverte de l'utilité de l'iode dans les maladies scrofuleuses ; mais par le grand nombre de guérisons qu'il a obtenues, par le zèle et la persévérance avec lesquelles il poursuit ses recherches, par le jour qu'il a répandu sur les effets variés que l'on obtient des diverses préparations d'iode employées soit à l'intérieur, soit à l'extérieur, M. Lugol a fait faire un pas certain à la médecine ; et comme d'ailleurs il a la sagesse de négliger toutes les explications dont le moindre inconvénient est d'être inutiles, nous avons l'honneur de vous proposer de donner votre approbation aux recherches de M. Lugol, en l'engageant à continuer des travaux dont les résultats sont autant profitables à l'humanité.

Paris, le 3 janvier 1831.

Signé : DUMÉRIL.

MAGENDIE, *rapporteur.*

L'Académie adopte les conclusions de ce rapport.

Certifié conforme :

Le secrétaire-perpétuel, conseiller d'Etat, grand-officier de la Légion-d'Honneur,

Baron G. CUVIER.

TROISIÈME

MÉMOIRE

SUR

L'EMPLOI DE L'IODE

DANS

LES MALADIES SCROFULEUSES.

M. le professeur Magendie ayant lu à l'Académie des sciences un rapport sur mes recherches cliniques à l'hôpital Saint-Louis, je vais raconter plusieurs des faits de guérison sur lesquels sont établies les conclusions si flatteuses par lesquelles cet habile praticien termine son rapport.

Je les raconterai dans l'ordre selon lequel je les ai soumis à l'investigation de messieurs les commissaires de l'Académie.

Cet ordre sera le même que celui que j'ai suivi dans mon premier Mémoire; de sorte que le troisième et le premier n'en feront plus qu'un seul, en deux parties, sur le même sujet. Par ce rapprochement que j'indique, il sera plus facile au lecteur d'apprécier les progrès que nous avons faits, depuis deux ans, dans la méthode nouvelle de traitement des maladies scrofuleuses par les préparations iodurées.

Je traiterai donc de l'iode :

1° Dans la scrofule tuberculeuse;

2° Dans la scrofule des membranes muqueuses, et plus particulièrement dans l'ophthalmie scrofuleuse;

3° Dans la scrofule cutanée;

4° Dans la scrofule du tissu cellulaire;

5° Dans la scrofule des os.

Il ne faut point s'arrêter aux imperfections que peut offrir cette distribution de la matière. Nous n'en sommes pas arrivés à nous occuper *ex professo* d'une classification des maladies scrofuleuses; je ne suis pas assez préparé sur ce point; peut-être même ne le serai-je pas de longtemps; car, en bonne logique, la classification des maladies et le langage nosologique ne peuvent être tentés qu'après qu'il ne reste plus à faire des travaux de recherche; et le genre des maladies scrofuleuses offre un horizon si éloigné que je n'en pourrai probablement jamais atteindre les limites.

Dans la pratique vulgaire de la médecine, on n'a généralement qu'une idée très-imparfaite du nombre des espèces de maladies scrofuleuses; des degrés divers d'intensité et de la durée variable que chacune d'elles peut offrir.

Cela vient de ce que, l'enseignement des écoles étant encore privé de cliniques spéciales, les matières qui sont développées dans ces cliniques sont trop étrangères aux actes probatoires de capacité.

Et cependant le nombre des infirmités produites par la scrofule est immense. Ces maladies sont même en si grand nombre, leur nomenclature est si étendue, que j'ajourne à une autre occasion d'en présenter le tableau analytique, quoique, depuis douze ans, j'aie le tableau vivant de ces maladies sous les yeux, et que j'étudie chaque jour quelques-unes de ses parties.

Mais quelque nombreuses que soient ces maladies, quelque variable que soit leur siége, on doit toutes les rapporter à un genre commun; car rien n'est plus facile que d'apercevoir leur similitude, et de reconnaître, par exemple, qu'une ophthalmie scrofuleuse et une scrofule cutanée ne sont que deux espèces de même nature, sur lesquelles on doit généraliser la même espèce de traitement.

Ces réflexions ne manquent point d'applications analogues. Voyez les fièvres intermittentes pernicieuses : qu'elles soient céphaliques, pneumoniques, cardialgiques, dyssentériques, rhumatiques, etc. : c'est la même espèce, la même nature de maladie, qui se décèle sous des formes différentes, selon le siége qu'elle affecte; de même, la scrofule présente des physionomies particulières, selon qu'elle a son siége sur l'enveloppe tégumentaire du corps, sur le tissu cellulaire, les os, etc., et toutes ces différences de forme et de siége ont cependant une origine commune.

Quelle que soit, en effet, la variété des maladies scrofuleuses, il est néanmoins très-facile de démontrer leur identité, puisque rien n'est plus commun que la succession ou même la réunion de la plupart d'entre elles sur le même individu, ou sur divers individus d'une même famille.

Ceci est vrai au point que, généralement, et surtout dans les cas difficiles, la voie la plus sûre de diagnostic, c'est de remonter aux maladies antérieures qu'a eues le malade; de s'informer de l'état de santé des frères et sœurs, de celui du père ou de la mère, d'un parent ascendant, etc.

Cette manière d'envisager, comme de même nature, toutes les espèces de maladies scrofuleuses, n'a pas été stérile : la persévérance et le succès avec lesquels j'ai généralisé l'emploi de l'iode à toutes ces maladies, n'ont été que les conséquences nécessaires de mes vues sur le diagnostic.

Lisez mon premier Mémoire; lisez le troisième. Dans le premier, l'efficacité de l'iode ne va guère jusqu'à guérir la scrofule des os. A cette époque de mes expérimentations, je n'ai pu offrir qu'un cas de succès de cette espèce, encore n'était-il pas complet.

La guérison complète ne fut pas long-temps attendue; et depuis deux ans le malade qui en est le sujet est occupé aux travaux les plus pénibles de l'hôpital. Il y a un an qu'il est brancardier, après avoir été infirmier pendant le même espace de temps. Il porte des poids énormes, cet homme que l'iode a guéri d'une carie de l'os maxillaire inférieur, et d'une tumeur blanche du genou droit avec cinq ulcères fistuleux à la face externe de cette articulation, dans lesquels on introduisait un stylet entier de six pouces.

Mais, en thérapeutique, il n'y a de succès vrais, de succès utiles, que ceux que l'on peut multiplier dans les mêmes conditions; et l'on verra, par la lecture de ce troisième travail, que ce n'est plus un cas rare que la guérison d'une tumeur blanche par l'iode.

Toutefois, c'est encore la scrofule des os qui offre le moins de chances de guérison. Plus bas, nous verrons que, dans plusieurs maladies de cette espèce, l'iode n'a offert qu'un secours insuffisant, et qu'il a seulement rendu plus supportable l'état des malades, dont il a d'ailleurs arrêté les progrès de la maladie.

Le nombre des bienfaits de l'iode n'a pas augmenté, sans qu'il ait été nécesssaire de multiplier les modes d'application de ce remède nouveau. Mais, quelque variées que soient les préparations iodurées dont se compose le formulaire qui suivra ce Mémoire, leur théorie chimique est si simple, si claire, qu'il sera facile de les classer dans l'esprit, et de les appliquer avec facilité aux diverses espèces de maladies scrofuleuses.

PREMIÈRE PARTIE.

OBSERVATIONS POUR SERVIR A FAIRE CONNAITRE LE DEGRÉ D'EFFICACITÉ DE L'IODE DANS LES MALADIES SCROFULEUSES.

---

§ Ier. L'iode dans la scrofule tuberculeuse.

PREMIÈRE OBSERVATION.

Tubercules ulcérés de chaque côté du col, survenus chaque année au printemps, depuis quatre ans ; avec altération profonde de la peau, et incrustations ; ophthalmie gauche ; épiphora abondant. Sept mois de traitement iodurė. Guérison.

Philippe-Jean Duport, âgé de 19 ans et demi, cordonnier, fut mis en traitement le 6 mai 1829.

Il portait de chaque côté du col, depuis l'extrémité supérieure du muscle sterno-cleïdo-mastoïdien, jusque derrière le menton, un grand nombre de tubercules ulcérés avec altération profonde du tissu cutané.

L'invasion de ces tubercules avait eu lieu à 15 ans, au printemps, et chaque année il en avait paru de nouveaux à la même saison, et ceux qui existaient déjà avaient acquis plus de volume. Ces tubercules avaient été ulcérés deux ou trois mois après leur apparition, et, depuis, aucun d'eux n'avait guéri.

On remarquait, en outre, un tubercule fluctuant sur la fourchette du sternum, dans le creux qu'on remarque au dessus d'elle; un tubercule dur, gros comme la moitié d'une noix, devant l'extrémité inférieure du muscle masseter droit. Tous deux avaient paru depuis deux mois environ.

Le grand nombre de tubercules ulcérés qu'on voyait de chaque côté du col offraient le plus mauvais aspect, à cause surtout de l'altération profonde de la peau. Ces ulcères se couvraient de grosses croûtes grisâtres, que la suppuration détachait des surfaces ulcérées.

Et c'est peut-être ici l'occasion de faire une remarque, savoir : que le pus tuberculeux ne forme guère de croûtes, de sorte que celles qui avaient lieu dans ce cas n'auraient été que des incrustations formées par le pus cutané, qui étaient détachées presque aussi vite qu'elles étaient formées, par l'abondance du pus tuberculeux. La chute de ces croûtes, qui avait lieu quelquefois par les seuls mouvemens du col, occasionait de légères hémorrhagies locales qui ajoutaient encore à l'aspect hideux de la maladie, la première fois que nous la vîmes.

A sept ans, Duport avait fait une chute, six mois après laquelle était survenu un abcès énorme dans le mollet gauche. Plusieurs fois, on lui aurait coupé la jambe, à l'hôpital des Enfans malades, si M. Jadelot n'eût émis un avis contraire. Cet abcès le retint six mois au lit, et mit six mois encore à guérir après que le malade eut commencé à marcher.

Pendant que la scrofule affectait aussi profondément le tissu cellulaire (peut-être même le système osseux), il parut une ophthalmie double qui dura cinq à six mois.

A 18 ans, au printemps, pendant la génération active des tubercules, il était survenu une seconde ophthalmie de l'œil gauche qui avait duré quatre mois; et enfin il en existait une troisième du même côté, mais plus légère, qui durait depuis deux mois, lorsque Duport fut mis en traitement. Depuis nombre d'années, il était sujet à un épiphora double assez sensible.

La vie médicale de ce malade n'offre point de cause d'hérédité ni de causes occasionelles des auteurs. Ses parens étaient jeunes et bien portans; il avait un frère plus jeune que lui qui n'avait point offert de signes de scrofule; il en avait perdu un âgé de 18 mois, de convulsions.

Duport travaillait à Paris depuis un an dans la rue de Poitou au Marais, dans un rez-de-chaussée sur le derrière, où le soleil ne pénétrait jamais. Il couchait dans ce même endroit; et, selon la manière des auteurs, on regarderait ce cas de scrofule comme ayant été produit par l'humidité.

Une analyse plus rigoureuse de cette observation nous fera voir que l'humidité n'a été ici qu'une cause occasionelle qui a développé la prédisposition de l'individu.

En effet, l'abcès froid qui a existé pendant un an dans le mollet gauche, à 7 ans; abcès pendant lequel est encore survenue une ophthalmie qui a duré six mois; ces deux maladies ont surpris Duport dans sa famille, à un âge où il n'avait pas encore quitté ses parens, chez lesquels il vivait passablement bien et à l'abri de l'humidité.

A la suite de cet abcès, ce jeune homme resta dans son pays jusqu'à 14 ans; alors il revint à Paris pour y travailler de son état de cordonnier; il y était depuis un an lorsque la scrofule tuberculeuse parut au col. Il resta ainsi pendant dix-huit mois, au bout desquels il retourna dans son pays, où, pendant deux ans et demi qu'il y est resté dans des conditions assez douces, sa maladie n'en a pas moins fait beaucoup de progrès. On conviendra que, si les tubercules cervicaux avaient été produits par l'humidité, le malade ayant quitté cette atmosphère humide, les tubercules auraient dû diminuer, ou du moins rester stationnaires; et cependant la maladie a continué sa marche sous de meilleures influences.

1er août 1829. — Après quatre-vingt-six jours de traitement par la pommade au proto-iodure de mercure et l'eau minérale iodée, les ulcères tuberculeux étaient cicatrisés, et on ne sentait plus de matière tuberculeuse qu'à la place des deux tubercules qui avaient paru les derniers, et dont les cicatrices étaient moins fermes, moins propres que celles des autres ulcères tuberculeux.

Pendant les premiers mois du traitement, la suppuration a été très-abondante. Pendant près de trois mois, l'action locale de l'iode a été des plus vives; elle piquait plus fortement que des épingles pendant deux ou trois heures matin et soir.

16 octobre. — Depuis plus de deux mois, le malade ne se pansait qu'une fois par jour, le soir en se couchant; il n'y avait plus de suppuration locale, ni même de croûtes sur les tubercules. Les cicatrices des deux ulcères tuberculeux guéris les derniers n'étaient pas encore tout-à-fait aussi propres que celles des tubercules qui étaient guéris depuis plus long-temps. L'iode n'avait plus guère d'action locale.

Pendant plus de quatre mois, l'eau minérale iodée a produit la salivation; de temps en temps, elle a paru provoquer une ou deux selles par jour, mais ce n'était que passagèrement. Pour l'ordinaire, le malade urinait deux ou trois fois de plus qu'avant le traitement. L'appétit était bon avant, et s'était bien soutenu depuis. Duport était plus dispos, plus agile qu'à l'époque de son entrée à l'hôpital Saint-Louis. Depuis plus de six semaines il demandait sa sortie. Il ne sortit néanmoins que le 28 février 1830, étant guéri depuis plusieurs mois; les cicatrices du col étant très-peu déprimées et assez lisses. L'état général au mieux.

3 mars 1830. — Depuis plusieurs mois avant de sortir de l'hôpital Saint-Louis, Duport s'était rendu très-utile au service des malades scrofuleux. Il n'avait sollicité sa sortie que pour mettre en bon train la demande d'une place de facteur de la poste aux lettres qu'il a obtenue plus tard; et il était rentré aussitôt à l'hôpital Saint-Louis, pour y attendre le succès des démarches qu'on ferait pour lui.

En attendant, il continuait de servir les scrofuleux avec un zèle, un dévouement que j'ai admirés bien des fois. Arrivèrent les événemens de juillet : le département de la chirurgie ne suffisant plus au nombre des blessés, on en coucha une trentaine dans mes salles. Duport servait aux pansemens, sans se relâcher du même emploi qu'il remplissait auprès des scrofuleux. Mais ses forces succombèrent sous le poids d'une fatigue de jour et de nuit; il tomba malade; il eut une fièvre nosocomiale, avec coïncidence d'un érysipèle à la face et au cuir chevelu.

L'émétique, les purgatifs, et plus tard les toniques, guérirent Duport dans le cours de trois septenaires.

On devait craindre que cet état fébrile réveillerait le génie scrofuleux, et que, par l'influence de causes débilitantes, la scrofule récidiverait. Il n'en fut pas ainsi : la convalescence ne fut même pas plus longue que la maladie. Duport se hâta de reprendre sa besogne auprès des scrofuleux; il s'en acquitta avec le même zèle pendant trois mois encore, au bout desquels il eut sa place de facteur, qui lui donne des moyens d'existence, et un genre d'occupation très-propre au maintien de son état actuel de santé, qui est complètement satisfaisant.

SECONDE OBSERVATION.

Vaste ulcération tuberculeuse occupant le côté droit du col et de la face; tumeur tuberculeuse au côté gauche du col. Trois mois de traitement ioduré. Guérison.

Julien Pollet, âgé de 19 ans, tailleur d'habits, était né d'un père mort à 27 ans, de maladie aiguë, et d'une mère âgée de 40 ans. Il avait eu un frère qui était mort peu de temps après sa naissance, et une sœur morte de la petite-vérole à 8 ans.

A 3 ans, Pollet avait éprouvé une variole confluente grave qui avait mis ses jours en danger, et dont l'heureuse issue avait étonné tous les assistans.

A 6 ans, il avait eu une maladie difficile à caractériser : parfois, il éprouvait une sorte de paralysie instantanée des membres; quelquefois il perdait connaissance: mais tous ces phénomènes étaient chaque fois de courte durée. Cette disposition dura six mois, et je ne crois pas devoir la décrire plus en détail, parce que je n'ai pu obtenir du malade que des renseignemens trop vagues.

A 17 ans, au mois de janvier 1828, invasion de la scrofule tuberculeuse, d'abord au côté droit;

deux mois plus tard, au côté gauche du col; tumeur tuberculeuse de chaque côté, depuis le pavillon de l'oreille jusqu'au milieu du corps de la mâchoire inférieure.

Du côté gauche, cette tumeur était conoïde, sa base en arrière.

Du côté droit, les tubercules avaient suivi une autre marche.

Dans les premiers jours de juillet, plusieurs d'entre eux s'étaient ulcérés à plusieurs jours de distance, et avaient donné lieu à cinq ulcères, de la rencontre et du confluent desquels était résultée une vaste ulcération, occupant le côté droit du col et de la face, et dont l'aspect permettait encore de distinguer les cinq ulcères dont elle était primitivement formée. On voyait sur cette ulcération plusieurs îles de tissu cutané, rouge, mince, imprégné de pus. Ces îles n'étaient point des germes de cicatrices; c'étaient des restes de peau qui n'avait pas été détruite, mais qui était déjà dans un fort mauvais état en attendant sa chute prochaine.

Les bords irréguliers formaient des espèces de cônes allongés, s'avançant vers le centre de l'ulcération; des espèces de cordes charnues s'élevaient dans différentes directions sur cette surface ulcérée.

L'un des ulcères primitifs, dont nous avons parlé, avait débuté sur la joue devant l'oreille, et avait détruit la moitié interne du lobule. Celui-ci, réduit à sa moitié externe, était séparé de près d'un pouce des parties latérales de la face; il se terminait en pointe, et offrait une ulcération allongée sur son bord interne, à partir du point où il répond en haut au commencement de l'hélix. Le tragus et l'antitragus offraient une ulcération superficielle grisâtre, irrégulière. La peau qui se continue dans le conduit auditif externe était rouge, humide, dans sa moitié antérieure.

Je ne dois pas omettre de faire remarquer que cette ulcération, d'origine tuberculeuse, était généralement superficielle; qu'au premier aspect on l'aurait regardée comme cutanée, quoique chaque ulcère en particulier fût tuberculeux, et qu'au dessous de l'ulcération générale on touchât des portions des nombreux tubercules par lesquels la maladie avait commencé.

Chaque ulcère, en particulier, avait d'abord suppuré très-abondamment, et leur surface commune, dont j'ai cherché à donner une idée, sécrétait encore une suppuration des plus abondantes, qui nécessitait deux pansemens par jour.

27 juillet 1829. — Pansement avec la pommade au proto-iodure de mercure; eau minérale iodurée; bains hydro-sulfurés.

A la fin de la première quinzaine de ce traitement, la maladie prit une marche rapide vers la cicatrisation de l'ulcère et la fonte simultanée des tubercules sous-jacens. Cette marche tenait du prodige.... En un mois l'ulcération fut à peu près cicatrisée; il ne restait plus qu'un ulcère comme un demi-franc au dessous du lobule de l'oreille. Ce petit ulcère suppurait plus que ne le comportait sa surface; il était assis sur un tubercule; il ne s'y formait point de croûtes.

Dans le second mois du traitement, la cicatrice devint linéaire, blanche, très-peu saillante. Elle formait trois branches principales qui diminuèrent peu à peu d'étendue, au point qu'après deux mois de traitement, cette espèce de pate d'oie ne donnait plus qu'une idée très-incomplète de l'ulcération qui avait existé.

La petite ulcération était très-superficielle, mais non pas tout-à-fait cicatrisée.

De chaque côté du col, il restait un tubercule gros comme la dernière phalange du médius, occupant la région sous-maxillaire. Ces deux tubercules étaient les limites antérieures des tumeurs tuberculeuses qui avaient existé. Ils avaient disparu avant la fin du troisième mois de traitement.

1er novembre. — Pollet sortit de l'hôpital Saint-Louis parfaitement guéri et dans le meilleur état de santé.

TROISIÈME OBSERVATION.

Tumeur tuberculeuse dans l'aine droite, ulcérée depuis un mois qu'elle avait été ouverte. Deux mois de traitement iodué. Guérison.

Je rapporterai un cas de tumeur tuberculeuse inguinale, sans coïncidence de tubercules ni d'aucune autre maladie scrofuleuse, parce qu'il est très-rare de voir la scrofule ainsi concentrée uniquement dans cette région.

Narcisse Decalogne; 22 ans; tabletier.

Ce jeune homme entra à l'hôpital Saint-Louis, le 21 août 1830, portant une tumeur tuberculeuse dans l'aine droite. Cette tumeur avait été formée de plusieurs tubercules gros comme des noisettes, qui avaient fini par se toucher, en augmentant de volume, et la tumeur qu'ils formaient était grosse comme le poing.

En ville, on avait mis en usage deux traitemens: 1° un traitement mercuriel; 2° un traitement antiphlogistique.

20 juillet. — Cette tumeur avait été ponctionnée à l'Hôtel-Dieu, et depuis elle était ulcérée.

22 août. — Frictions iodurées; pansemens iodurés; eau minérale iodurée. Dans les mois de

septembre et d'octobre, j'ai touché plusieurs fois l'ulcère avec l'iode rubéfiant ou même avec l'iode caustique; Decalogne en sorti guéri, le 24 octobre 1830.

Sous le rapport des causes, je ferai remarquer que ce malade était né d'une mère plus âgée que son mari; qu'il avait perdu deux frères et une sœur en bas âge, de *catarrhe*.

QUATRIÈME OBSERVATION.

Scrofule tuberculeuse, cellulaire et cutanée; toux habituelle depuis l'enfance, réveillée plusieurs fois par des ophthalmies; arrêt de développement jusqu'à 17 ans. Huit mois dix jours de traitement ioduré, pendant lequel survient une hémoptysie. Guérison. Santé générale meilleure qu'à aucune autre époque antérieure au traitement ioduré.

Dans l'observation première et dans la seconde, nous avons vu les tubercules coïncider avec une affection du tissu cutané; affection propre, et qui n'est point celle qui a lieu nécessairement par le fait seul de la suppuration des tubercules.

L'exemple que nous allons rapporter offre de même l'affection coïncidante de la peau, quoique à un degré moindre que dans les deux premières observations; mais avec une coïncidence bien plus fâcheuse, celle de tubercules pulmonaires; avec une autre coïncidence moins commune qu'on ne le supposerait, le travail inflammatoire du tissu cellulaire ambiant.

Joseph-Adolphe Quesnot; 20 ans; coiffeur.

Le père, âgé de 39 ans, tousse habituellement depuis sa jeunesse; la mère, âgée de 45 ans, jouit d'une bonne santé.

Une sœur morte à 15 mois.

La première enfance de notre malade a été catarrhale par toutes les surfaces muqueuses, surtout par celles de la poitrine.

A 10 ans, des engelures attaquent les pieds et les mains à la fois; les doigts et les orteils en ont été dépouillés et profondément ulcérés tout l'hiver.

A 19 ans, la même maladie a reparu avec la même intensité.

A 12 ans, la toux est devenue habituelle, surtout le matin. — Le malade l'attribuait à la poussière du coton, à laquelle il était exposé par son travail.

A 14 ans, au mois d'août, ophthalmie double

avec érysipèle à la face : cécité pendant un mois.

A 16 ans, Quesnot cesse de travailler au coton; il vient à Paris chez un coiffeur. Il était de petite stature, ne paraissant pas avoir son âge. Incessamment, il eut une seconde ophthalmie qui dura un an, accompagnée d'un mal-être général et d'une toux qui, depuis plusieurs années, n'offrait plus guère que des rémissions de peu de durée.

A 19 ans, l'ophthalmie reparaît avec beaucoup d'intensité au commencement de l'hiver, et n'éprouve aucun amendement avant le milieu du mois d'avril. La toux, que les maux d'yeux exaspérait toujours, s'accompagne cette fois de sueurs nocturnes et d'amaigrissement.

Au mois de juin suivant, le col est envahi du côté droit par une tumeur cellulo-tuberculeuse, et du côté gauche par une tumeur formée de plusieurs tubercules. L'aisselle gauche, dans laquelle il y avait un petit tubercule adhérent depuis l'enfance, le fut aussi par une tumeur cellulo-tuberculeuse grosse comme les deux poings.

27 juin 1830. — Quesnot entra à l'Hôtel-Dieu. L'abcès celluleux du côté droit du col fut ponctionné; il en sortit une grande quantité de pus d'une odeur des plus fétides. Du côté gauche, la tumeur tuberculeuse, ouverte avec une lancette, ne donna que du sang; une ponction plus pro-

fonde, faite avec un bistouri, ne donna que fort peu de pus, et la tumeur n'en fut guère diminuée de volume. Au bout de huit jours, Quesnot tomba malade d'un érysipèle à la face. Le dixième jour de cet érysipèle, il était à la mort; on lui avait jeté le drap dessus, et on avait fermé les rideaux de son lit, le croyant mort.

28 juillet. — Il sortit de l'Hôtel-Dieu. — 4 août. — Il entra à l'hôpital Saint-Louis.

Voici le diagnostic :

Jeune homme pâle, émacié, faible, portant deux tumeurs ulcérées, une de chaque côté du col; celle du côté droit cellulo-tuberculeuse ; celle du côté opposé formée de plusieurs tubercules ; la peau contiguë offrait le plus mauvais aspect ; elle était rouge, livide, décollée, imprégnée de pus; les ulcères secrétaient une suppuration des plus abondantes; deux pansemens par jour suffisaient à peine.

Quesnot portait une troisième tumeur sous l'aisselle gauche, grosse comme les deux poings. La moitié antérieure de cette tumeur était assise sur la poitrine ; le bras correspondant était roide, immobile ; le moindre mouvement de ce membre était très-douloureux; cette tumeur s'ouvrit le troisième jour de l'entrée du malade dans notre hôpital ; il en sortit plus d'un demi-litre de pus tuberculeux. Pansemens iodurés, eau minérale iodurée, bains hydro-sulfurés.

Dans le troisième mois de ce traitement (8 octobre 1830), survint une hémoptysie des plus abondantes qui dura deux jours; le côté gauche du col n'avait encore éprouvé aucun amendement; la tumeur du côté droit et celle de l'aisselle gauche étaient en voie manifeste de guérison.

On conçoit tout ce que cette hémoptysie avait d'effrayant chez un jeune homme qui tousse depuis sa première enfance, chez lequel la toux a souvent été réveillée par des ophthalmies intenses, et peut être regardée, sans effort, comme occasionée par la présence de tubercules dans les poumons.

Néanmoins, après avoir purgé Quesnot deux fois avec de la manne, à un jour d'intervalle, je repris le traitement ioduré; pensant que l'iode offrait au moins quelques ressources, tandis que le malade était voué à une mort certaine dans un temps peu éloigné, si j'abandonnais l'iode pour mettre en usage des moyens débilitans, qui n'auraient que précipité la fin malheureuse de la maladie, comme on ne le voit que trop souvent.

Il n'est pas nécessaire d'ajouter que dans le cas où j'aurais vu les accidens augmenter sous l'influence de l'iode, j'en aurais modifié l'usage intérieur; que je l'aurais même suspendu pour ne continuer que le traitement local, et m'occuper spécialement de l'hémoptysie.

Les pansemens iodurés n'ayant pas été suspendus, je repris l'eau minérale iodurée, quelques jours après que le crachement de sang eut cessé. Aux pansemens ordinaires, j'ajoutai la solution iodurée rubéfiante, ou même l'iode caustique, dont je touchais le bord des ulcères, ainsi que les portions du tissu cutané, encore rouges et molles.

L'aisselle gauche et le côté droit du col étaient cicatrisés avant la fin de décembre. Du côté gauche, la cicatrisation des ulcères tuberculeux n'a eu lieu que deux mois plus tard.

L'action locale de l'iode a été vive : celle de l'eau minérale iodurée a été diurétique. L'appétit a été soutenu pendant tout le cours du traitement.

Quesnot, éprouve une ou deux fois par mois, des tiraillemens dans la poitrine qui ressemblent à ceux qui ont précédé l'hémoptysie dont il a été atteint au mois d'octobre dernier; d'ailleurs il tousse moins que jamais, le sommeil est profond, exempt de sueurs, et la santé générale a acquis une tenue qu'elle n'avait jamais offert avant le traitement ioduré. J'ai cessé ce traitement le 15 avril 1831. Je garderai le malade quelques semaines dans l'hôpital pour voir si la santé générale se soutiendra; si les cicatrices ne tendent pas à se rouvrir en l'absence des préparations iodurées, ou mêmes si elles s'effacent encore, ce traitement n'ayant plus lieu, ainsi que cela arrive dans beaucoup de cas.

§ II. L'iode dans l'ophthalmie et le coryza scrofuleux.

CINQUIÈME OBSERVATION.

Ophthalmie double de cinq mois avec cécité; caries scrofuleuses dans le premier âge; guérison après cinq semaines de traitement ioduré.

François Delange, 19 ans, garçon limonadier.

Le 8 octobre 1830, cet homme a été mis en traitement pour une ophthalmie scrofuleuse double des plus graves. Il était aveugle à ne pouvoir se conduire. La cécité n'était d'ailleurs que mécanique; elle était causée par l'épaississement de la conjonctive qui formait de gros bourrelets, et par celui de la cornée; mais surtout par l'hypertrophie des paupières qui était considérable, qui les tenait fortement fermées, le malade ne pouvant les ouvrir. L'investigation la plus légère était à peine possible; l'impression de la lumière était très-doulonreuse, et causait subitement une abondante sécrétion de larmes. Cette ophthalmie se prolongeait dans les synus frontaux et dans les fosses nasales; le malade éprouvait une céphalalgie des plus vives, lancinante; il y avait un coryza des plus intenses, plus fort de la narine droite que de la gauche, avec des incrustations sur la pituitaire.

C'était la troisième ophthalmie qu'éprouvait le malade; à 17 ans, avait eu lieu la première, qui avait commencé à la fin de l'hiver, et n'avait duré que quelques semaines.

La seconde était survenue à 18 ans, au mois de mars, et avait duré huit mois.

La troisième, celle dont j'ai donné plus haut l'état actuel quand le traitement ioduré a été commencé, datait du mois de mai; elle avait déjà plus de cinq mois de durée. L'œil gauche était beaucoup plus malade que le droit, et cela avait toujours été de même pour les deux ophthalmies précédentes.

Delange, portait un séton à la nuque depuis cinq mois; il avait encore un des deux vésicatoires qu'on lui avait fait appliquer aux bras au début de l'ophthalmie; on lui avait conseillé un grand nombre d'applications opiacées sur les yeux; depuis peu, il avait eu trois fois trente sangsues, et une fois vingt-cinq, ce qui fait bien cent quinze; et enfin on lui avait pratiqué une saignée de bras depuis laquelle il était tout-à-fait aveugle.

Outre l'aspect de cette ophthalmie, son opiniâtreté, son retour annuel depuis trois ans, le malade offrait encore des vestiges palpables d'une maladie antérieure de nature à faire apprécier celle de la maladie actuelle. A deux ans, il avait eu une carie de la troisième phalange du doigt annulaire gauche, et du tiers inférieur de l'humérus du même côté, qui avait fini au bout de dix-huit mois, par la perte de la plus grande partie de la phalange, et par la sortie de deux esquilles de l'os du bras. Depuis cette époque, Delange avait joui d'une belle santé, et même d'une force musculaire remarquable, qu'il partage avec cinq frères plus âgés que lui.

8 octobre 1830. — Suppression du séton et du vésicatoire; bains locaux, injections iodurées derrière les paupières et dans l'angle interne des yeux, répétées très-souvent dans la journée; eau minérale iodurée.

Après six jours de ce traitement, le malade était manifestement en voie de guérison; il voyait des deux yeux.

24 octobre. — L'œil droit était guéri; la paupière supérieure de l'œil gauche encore rouge indurée, et par suite peu mobile; de sorte que l'œil de ce côté paraissait plus petit; la cornée offrait deux taies de près de deux lignes d'étendue chacune.

10 novembre. — Delange est sorti guéri; l'œil

gauche était un peu plus petit que le droit par suite d'un peu d'hypertrophie de la paupière supérieure; d'ailleurs le malade distinguait très-bien les objets de cet œil, quoique la vue fût plus faible de ce côté, par suite d'une taie qui existait un peu au dedans de la cornée. L'œil droit était tout-à-fait sain. La céphalalgie et le coryza avaient disparu avec l'ophthalmie. J'ai conseillé au malade de boire deux fois par jour huit gouttes de liqueur iodurée dans un demi-verre d'eau sucrée, pendant six semaines après sa sortie de l'hôpital.

SIXIEME OBSERVATION.

Ophthalmie scrofuleuse purulente, coryza des plus intenses, ramenés en quelques jours à l'état d'ophthalmie et de coryza ordinaires, par un traitement local ioduré énergique;
Et guéris ensuite par ce même traitement plus modéré, associé à l'usage intérieur de l'iode.

Antoine Cretenet, âgé de 16 ans, de petite stature, entra à l'hôpital St-Louis, le 4 mai 1830, pour une ophthalmie double purulente et un coryza scrofuleux des plus intenses.

Cet enfant portait sa tête baissée, le menton

appuyé sur la poitrine; ses yeux étaient couverts d'un triple bandeau par dessus lequel il appuyait encore ses mains pour mieux éviter le moindre contact de la lumière; après avoir enlevé le bandeau, nous trouvâmes les yeux baignés de pus et d'un volume énorme par l'hypertrophie des parties molles. Les paupières et leur pourtour étaient gonflés, d'un rouge érysipélateux du plus mauvais aspect; au travers de leurs bords libres, passait un gros bourrelet rouge, granulé, formé par la conjonctive, qui avait acquis deux ou trois lignes d'épaisseur.

Le gonflement des parties molles, la douleur très-vive, causée par le contact de la lumière (1), quoique les paupières fussent closes, ne nous permirent point de chercher à les entr'ouvrir pour constater l'état de la cornée. Nous en eûmes d'autant moins de regret, que cet examen n'aurait servi qu'à estimer avec plus d'exactitude le degré

---

(1) Je ferai remarquer ici cette action douloureuse de la lumière, dans un cas où il est physiquement impossible qu'elle arrive sur la rétine.

Ce n'est donc point cet épanouissement nerveux qui, seul, *palpe* la lumière, pour me servir d'une heureuse expression d'un anatomiste célèbre.

Ce fluide agirait-il sur l'œil de deux manières : en affectant la tact général d'une part, et de l'autre le sens particulier de l'organe ?

d'intensité de la maladie, et que cette estimation n'aurait eu guère d'influence, ou même aucune, quant à la nature du traitement.

Le nez partageait l'état fluxionnaire des yeux, et s'effaçait pour ainsi dire dans le gonflement des parties ambiantes; les fosses nasales étaient remplies de croûtes, les ailes du nez hypertrophiées, au point que le malade était obligé de respirer par la bouche.

Cette ophthalmie et ce coryza existaient depuis treize mois, et leur état actuel depuis huit jours. Cretenet avait eu plusieurs autres ophthalmies, des engelures très-rebelles, et il avait des pustules de favus sur le cuir chevelu.

Le père, d'une pauvre constitution, était mort ayant des ulcères aux jambes depuis plusieurs années. La mère avait succombé vers l'âge de 40 ans, ayant toujours été valétudinaire.

Notre malade avait eu deux frères et deux sœurs; il avait perdu un frère et une sœur fort jeunes; les deux qui lui restaient avaient une santé très-faible, des engelures, et habituellement le nez gros, plus ou moins rempli de croûtes.

Le cas était des plus urgens : le chirurgien de garde appliqua un vésicatoire à la nuque; il fit donner des bains de pieds additionnés de moutarde, et un lavement laxatif.

On sait que cette méthode dérivative échoue

contre l'ophthalmie purulente, dans la pratique des médecins les plus renommés, et que cette ophthalmie produit le plus ordinairement la fonte des yeux en quelques jours.

C'est pourquoi je n'hésitai point à mettre en usage un traitement local iodurė des plus énergiques : car partout où est la scrofule, c'est à l'iode qu'on doit avoir recours.

5 mai. — Bains locaux, injections de solution iodurée derrière les paupières et dans les narines, au moyen d'une petite seringue; et comme le danger de perdre les yeux était imminent, je plaçai un autre malade auprès de Cretenet, afin que les bains locaux et les injections fussent incessamment renouvelés.

7 mai. — La douleur était moins vive; la suppuration, qui avait été aussi abondante que puisse l'être une blennorrhagie, commençait à diminuer, et les parties molles étaient déjà moins imprégnées de pus. Nous commençâmes à entr'ouvrir les paupières pour voir la cornée qui était rouge et gonflée.

10 mai. — La tuméfaction des parties molles avait beaucoup diminué. Cretenet pouvait ouvrir les paupières et supporter la lumière du jour; la sécrétion était moins abondante, et n'était plus si jaune ; le malade resta plusieurs heures de la journée sans bandeau.

16 mai. — Le bourrelet avait disparu ; ce n'était plus qu'une ophthalmie ordinaire.

27 mai. — Cretenet assista sans bandeau à une de mes leçons cliniques, et ne causa pas peu de surprise aux assistans qui l'avaient vu, trois semaines auparavant, dans l'état que j'ai décrit plus haut.

Dans les premiers jours de juin, recrudescence de l'ophthalmie ; la secrétion purulente reparaît, les parties molles se gonflent de nouveau.

J'en accusai d'abord la suppression du vésicatoire que j'avais ordonnée en dictant le traitement ioduré. Je me blâmais devant les élèves de trop négliger les moyens secondaires, et d'avoir, dans ce cas, supprimé le vésicatoire de la nuque, qui aurait pu aider puissamment l'action spéciale des préparations iodurées.

Mais ayant questionné le malade avec un redoublement d'intérêt, j'appris que, se regardant comme guéri, il avait beaucoup négligé les bains locaux et les injections iodurées, dont on lui avait confié le soin depuis qu'il pouvait s'en acquitter lui-même. Je renonçai donc au vésicatoire : le traitement ioduré fut repris avec plus d'assiduité ; et, en quelques jours, cette recrudescence fut sur son déclin.

Nous avons trop étudié les causes des maladies pour penser qu'une ophthalmie de treize mois, qu'un état ophthalmique presque habituel depuis plus de dix ans, puissent guérir par un traitement local; c'est pourquoi, dès que ce traitement fut modéré, le malade commença l'usage de l'eau minérale iodurée, qu'il continua pendant quatre mois, associée aux bains hydrosulfurés.

Ainsi dans certains ulcères syphilitiques qui dévorent nos organes avec une effrayante rapidité, on emploie, avec succès, un traitement actuel, local, énergique, pour ramener la maladie à un état plus ordinaire, et la traiter, dans cet état, selon les règles générales de la thérapeutique.

Ces deux histoires suffisent pour faire connaître l'efficacité du traitement ioduré dans cette espèce de maladie scrofuleuse, quelle que puisse être son intensité.

On peut lire un troisième exemple dans le tome III, n° 68, de la *Lancette Française*. C'est l'histoire d'un jeune homme de 15 ans, qui avait, depuis l'âge de trois mois, une ophthalmie double, un coryza, un impétigo disséminé sur tout le corps, des tubercules cervicaux, et chez lequel l'iode n'a pas eu une efficacité ni moins prompte ni moins durable.

Je possède plusieurs autres exemples de guérison d'ophthalmie des plus intenses chez des sujets scrofuleux héréditaires, chez lesquels l'iode n'a pas modifié moins heureusement la santé générale que la maladie des yeux.

§ III. L'iode dans la scrofule cutanée.

A. *Dans la scrofule cutanée ulcéreuse.*

SEPTIÈME OBSERVATION.

Auguste Jarry, âgé de 24 ans, de stature petite et rabougrie, annonçant un individu de 10 à 12 ans, entra à l'hôpital Saint-Louis, le 5 janvier 1830. Son état de souffrance et de marasme serait impossible à décrire. Ses bras et ses jambes étaient ulcérés, grêles, dénués de muscles en certains endroits. Le bras gauche surtout était réduit à l'humérus, recouvert d'une couche très-mince de fibres musculaires. Le deltoïde était mis à nu excepté en haut et en arrière, où l'on voyait quelques traces de tissu cutané. L'épaule du même côté offrait une ulcération longitudinale de six pouces et demi, depuis l'extrémité externe de la clavicule jusqu'à l'épine inférieure de l'omoplate. Le bras droit était un peu moins ulcéré : on y voyait quelques vestiges de peau, formant des espèces d'îles au milieu d'ulcères qui, d'abord isolés, avaient fini par envahir la circonférence presque entière de ses deux tiers supérieurs.

Les deux jambes, dépouillées de tégumens,

offraient le même aspect que les bras. Ces ulcères sécrétaient plus d'une livre de pus chaque jour; depuis douze ans, chaque année, cette sécrétion purulente augmentait à la fin de l'hiver, et continuait à être plus abondante pendant le printemps et une bonne partie de l'été. Sur le tronc, les cuisses et les avant-bras, la peau était sèche, lichénoïde, et il était évident que la perspiration cutanée n'avait plus lieu. L'émaciation n'avait pu que croître par une diarrhée des plus copieuses et de la plus mauvaise nature, qui avait lieu depuis dix-huit mois, et qui, peut-être, était supplémentaire de la perspiration cutanée. Le nombre des selles allait au delà de vingt par jour; et le plus ordinairement elles étaient sanguinolentes, et précédées de tranchées.

Cette scrofule cutanée, qui existait depuis douze ans, avait été précédée d'une tumeur tuberculeuse qui avait paru à neuf ans, dans la région sous-maxillaire gauche, et qui avait éte ulcérée pendant trois mois environ.

Antérieurement à cette tumeur tuberculeuse, et depuis, Jarry avait été sujet à des engelures rebelles, à des maux de nez, mais surtout à des aphthes, qui, depuis l'âge de deux ans, revenaient à la fin de l'hiver, exerçant beaucoup de ravages dans la bouche et le pharynx, pendant tout le printemps et l'été.

L'histoire des causes ne pouvait encore qu'aggraver le pronostic : Le grand-père paternel de Jarry est mort vieux d'ulcères aux jambes. Son père est alité depuis plusieurs années par la même infirmité, et de plus il était syphilitique lorsqu'il engendra notre malade.

Sur sept frères et deux sœurs qu'a eus Auguste Jarry, huit sont morts de trois à quatre ans, un seul a vécu jusqu'à sept ans et demi ; il était déjà borgne par suite d'ophtalmies. Tous ont été incommodés comme notre malade, par des engelures qui les empêchaient de marcher tout l'hiver.

Il ne restait qu'une sœur âgée de dix-huit ans ; jeune fille trop surchargée d'embonpoint et de fraîcheur, qui avait encore au mois de mai dernier des restes d'engelures qui la tourmentaient périodiquement chaque année, pendant cinq ou six mois. Ses oreilles, très-humides, étaient recouvertes de croûtes d'impétigo. Elle avait en outre une tumeur tuberculeuse dans la région sous-maxillaire gauche, du même côté où son frère en avait eu une à l'âge de neuf ans.

Jarry avait eu deux cousines d'une sœur de son père ; l'une était morte scrofuleuse tuberculeuse à 9 ans ; l'autre, âgée de 19 ans, était tuberculeuse ophthalmique et mère d'un fils scrofuleux.

Il avait eu deux autres cousines d'une sœur de

sa mère; l'une morte à 22 ans, l'autre à 19; toutes deux tuberculeuses pulmonaires, ayant eu chacune deux enfans, dont un mort scrofuleux mésentérique; les trois autres étant d'une très-mauvaise venue (1).

Jarry ne fut d'abord pour nous qu'un sujet de méditation sur le progrès que peut faire une scrofule cutanée, et sur le degré de misère et d'épuisement que peut supporter notre espèce avant d'y succomber. Et quoique nous eussions déjà des faits multipliés de guérisons les plus inespérées par les préparations iodurées, nous étions loin de prévoir que Jarry serait jamais guéri par l'iode.

Le traitement fut commencé le 6 janvier 1830. Après un tibiluve iodûré, les ulcères furent pansés avec des plumasseaux de charpie fortement enduits de pommade au proto-iodure de mercure; l'état du bas-ventre me fit ajourner l'usage intérieur de l'iode.

(1) Je prie le lecteur de ne point se prévenir contre cette manière de recueillir les histoires de maladies scrofuleuses. On sait déjà par le compte qui a été rendu de mes leçons cliniques, que je n'accorde guère d'influence aux causes occasionelles des auteurs dans la production des maladies scrofuleuses, que je regarde comme héréditaires dans le plus grand nombre des cas. Je donnerai prochainement un mémoire sur les causes de la scrofule, dans lequel on verra toute la généralité que comporte cette proposition.

En quelques jours, les ulcères offrirent un meilleur aspect; la jambe droite fut guérie au bout de trois semaines, et le bras gauche à la fin de février. La guérison marchait même trop rapidement : Jarry éprouvait de la difficulté à respirer; il avait la tête lourde, des envies de vomir, et même des vomissemens spontanés, qui revinrent à plusieurs reprises dans le cours de deux semaines. Ce malade était trop faible pour supporter un mieux-être aussi prononcé, aussi rapide; ses forces nutritives ne suffisaient point à élaborer une meilleure alimentation. Je fis appliquer un emplâtre de poix de Bourgogne sur la poitrine; je donnai deux fois de la manne; et après ces deux purgations, un second emplâtre de poix de Bourgogne fut appliqué sur le dos.

Je ne l'y laissai que huit jours; les bains sulfurés ayant été ouverts le 5 mars, je le fis enlever, cet emplâtre n'ayant, à mon sens, d'autre action que celle de provoquer la transpiration cutanée que les bains sulfurés allaient rappeler d'une manière plus sûre, plus générale, plus profitable.

11 avril. — Depuis trois mois que Jarry était en traitement, j'étais très-préoccupé de sa diarrhée. Au premier abord, je l'avais considérée comme une fonction supplémentaire exercée par la surface interne muqueuse du corps, sa surface

externe cutanée ne fonctionnant plus. Mais à cette époque, il me vint à l'esprit des analogies qui me donnèrent de cette diarrhée un diagnostic plus complet; et me rappelant les aphthes de la bouche, du pharynx, auxquels ce malade avait été très-sujet pendant son enfance, je pensai que la diarrhée pourrait bien tenir à cette même cause anatomique ayant actuellement son siége sur le canal intestinal.

Et comme je n'aurais pas hésité à toucher ces aphthes avec des liqueurs iodurées, rubéfiantes ou même caustiques, à plus forte raison cette diarrhée ne devait-elle pas m'empêcher plus long-temps d'administrer l'eau minérale iodurée (1).

---

(1) Ainsi l'état catarrhal des voies aériennes, chez les enfans scrofuleux, ne contre-indique point l'usage intérieur de l'iode; car cette toux n'est pas d'une autre espèce qu'une ophthalmie scrofuleuse, qui, quelque intense qu'elle puisse être, n'en cédera pas moins aux collyres iodurés, et, au besoin, aux applications rubéfiantes d'iode.

L'identité de ces deux maladies est telle qu'elles existent souvent ensemble, et qu'elles sont réveillées l'une par l'autre, comme cela avait lieu chez Quesnot.

Et qu'on ne croie point que je m'éloigne, comme je le fais ici, des idées reçues par aucun désir de singularité. Ce que je dis, je le fais chaque jour, soit à l'hôpital Saint-Louis, soit en ville; et jamais, et dans aucun cas, cette méthode toute nouvelle de traitement n'a produit d'accident.

Je commençai donc l'usage intérieur de l'iode. Le malade en prit d'abord demi-grain par jour. La diarrhée, qui déjà avait été très-amendée par les bains hydro-sulfurés, fut guérie au bout d'un mois de l'usage intérieur de l'iode associé aux mêmes bains.

Depuis la fin de février, les pansemens avaient lieu avec la pommade iodurée, à cause de la disposition aux aphthes que ce malade avait montrée depuis sa plus tendre enfance, et qui aurait pu encore être provoquée par la pommade au proto-iodure de mercure. Celle-ci avait eu une action locale très-vive pendant une heure. La pommade iodurée eut une action beaucoup moins forte, qui ne se prolongeait guère plus de vingt minutes. C'est pourquoi je passai, au bout de quinze jours, au numéro 2 de cette pommade, dont l'action n'atteignit jamais au degré d'intensité qu'avait offert la pommade au proto-iodure de mercure dont nous avions fait usage pendant les six premières semaines du traitement. Cette action locale de chacune de ces pommades devait être notée; car le plus ordinairement la pommade iodurée en a une très-vive, tandis que celle au proto-iodure de mercure n'a qu'un effet local peu, ou même point marqué.

L'eau minérale iodurée a été fortement diurétique. Jarry a beaucoup uriné pendant trois mois qu'il en a fait usage. La dose intérieure d'iode a été de trois quarts de grain par jour pendant deux mois.

Je dois ajouter que, à partir du 15 mars, j'ai touché les ulcères avec la solution iodurée rubéfiante ou même avec l'iode caustique, afin de hâter la guérison de plusieurs points ulcérés sur le bras droit, et celle d'un ulcère d'un pouce et demi qui a persisté long-temps sur la région moyenne externe de la jambe droite. Je touchais en outre les cicatrices avec cette liqueur iodurée, afin de les rendre moins déprimées, moins rouges, moins difformes; et en effet les cicatrices ont acquis le plus bel aspect, au point qu'à les voir, on ne saurait se former une idée de la maladie scrofuleuse dont elles sont la suite.

25 juillet 1830. — Jarry était guéri, après six mois et vingt jours de traitement ioduré.

Je l'ai gardé aussi long-temps que je l'ai pu après sa guérison. De temps en temps je touchais les cicatrices les plus récentes avec la solution iodurée, afin de leur donner la même solidité que celle des cicatrices qui existaient depuis plusieurs mois, et dont aucune ne s'est rouverte après qu'elle a été fermée. Dans certains points, ces cicatrices adhéraient d'abord aux os; mais à mesure que la graisse se développait, le système cutané se rapprochait de son état normal, et l'embonpoint, qui faisait chaque jour des progrès, permettait d'espérer que les ravages qu'avait produits cette scrofule cutanée, s'effaceraient encore davantage par la suite.

Cet embonpoint était déjà trop remarquable après quelques mois de guérison pour que je n'en parle point en particulier. Dans ce cas, l'iode a été administré à un malade arrivé au plus haut degré de marasme; les doses en ont été très-fortes, à cause de l'étendue très-grande des surfaces ulcérées, et, par suite de ce traitement, ce jeune homme a été doté des attributs d'une bonne santé.

11 novembre 1830. — Jarry étant guéri depuis quatre mois, je n'ai pu le retenir plus long-temps; il est parti pour le Nivernais, où il est postillon de rang.

HUITIÈME OBSERVATION.

Éloi Macaire, âgé de 22 ans, né de parens inconnus, entra à l'hôpital Saint-Louis le 19 avril 1830.

Placé d'abord dans une salle de chirurgie, il me fut adressé par mon collègue le docteur Cloquet, qui, le regardant comme incurable par les moyens ordinaires de la thérapeutique, voulut bien me fournir une nouvelle occasion de mettre en lumière l'efficacité de l'iode.

Ce malade était couvert de cicatrices anciennes et de vieux ulcères scrofuleux.

Les deux côtés de la face et du col étaient envahis par des ulcères larges, profonds, mols, à bords rouges, décollés, qui s'étendaient depuis le pavillon de l'oreille jusqu'au menton et jusqu'à la base du sternum.

Cette vaste surface ulcérée offrait des inégalités innombrables au milieu desquelles on distinguait encore assez bien les trois ulcères principaux dont elle était formée; les limites en étaient irrégulières, les bords inégaux, rouges, saillans, douloureux.

La base de ces ulcères était tuberculeuse, entourée de tissu cellulaire induré: aussi les mouvemens du col et ceux de la mâchoire inférieure étaient-ils difficiles et douloureux; la tête et la colonne cervicale semblaient ne former qu'une seule pièce, qui se mouvait avec peine et tout d'une fois. L'écartement des mâchoires était borné au point qu'on n'aurait pu placer une pièce de deux sols entre les dents; de sorte que la mastication était impossible, et que le malade n'avalait même qu'avec peine des alimens liquides.

Derrière la région moyenne du muscle sterno-cléido-mastoïdien droit, était un ulcère ovalaire de deux pouces de longueur, à base tuberculeuse.

Au dessus de l'extrémité externe de la clavicule droite, existait une tumeur plus grosse que le poing, fluctuante, qui passait sous la clavicule pour venir faire saillie au devant de la poitrine. La communication de ces deux abcès était facilement rendue manifeste par des pressions alternatives sur l'un et sur l'autre.

Au dessous de ce kyste, en forme de bissac, on voyait un large ulcère de trois pouces, s'étendant obliquement à gauche jusqu'à un pouce de l'appendice xyphoïde. C'était l'ulcère-mère, dont l'origine remontait à l'âge de trois ou quatre ans, et qui n'avait jamais guéri. L'ancienneté, la physionomie, et surtout la résistance de cet ulcère à tous les moyens employés, l'avaient fait regarder comme entretenu par la carie de quelques parties des côtes et du sternum, et avaient porté plusieurs chirurgiens à proposer la trépanation.

Enfin l'aisselle droite était occupée par une tumeur tuberculeuse, offrant deux ulcères ovoïdes placés au dessous l'un de l'autre, le plus inférieur avançant un peu sur la région antérieure de la poitrine. Ces deux ulcères existaient depuis l'âge de 9 à 10 ans; ceux de la face et du col n'avaient lieu que depuis quatre mois, et l'abcès froid, au dessus et au dessous de l'extrémité externe de la clavicule, n'avait commencé que deux mois avant l'entrée de Macaire à l'hôpital Saint-Louis.

Chaque année, les symptômes offraient plus d'intensité au mois de juin, et la suppuration devenait plus abondante.

Les parois abdominales, le côté gauche inférieur de la poitrine, la nuque, les membres offraient de nombreuses cicatrices du plus mauvais aspect.

Macaire avait passé sa vie dans l'infirmerie de l'hospice qui l'avait recueilli. Après avoir épuisé toutes les ressources que pouvait offrir cet établissement, il était allé réclamer d'autres secours à l'hôpital civil de Lille, où il avait passé cinq mois sans en obtenir d'autre avantage que le conseil qu'on lui avait donné de venir à Paris pour y entrer à l'hôpital Saint-Louis.

Les lésions physiques déjà si nombreuses, si puissantes pour produire un état de débilité, d'émaciation, n'étaient que trop secondées par le découragement profond auquel s'était abandonné ce jeune homme, qui n'avait éprouvé que la maladie, la douleur, la misère et l'abandon le plus complet depuis sa naissance.

12 mai 1830. — Traitement ioduré. L'abcès sous-claviculaire fut ponctionné; il en découla un demi-litre de pus, ou plutôt de matière tubercu-

leuse ramollie, facile à reconnaître à son aspect purulent et caséeux. On injecta dans le kyste de la solution iodurée que j'y laissai séjourner pendant quelques minutes. Les ulcères furent pansés avec des plumasseaux de charpie fortement enduits de pommade au proto iodure de mercure. Macaire fut mis à l'usage de l'eau minérale iodurée, et il eut trois bains hydro-sulfurés par semaine.

26 mai. — Quinze joursde ce traitement avaient influencé la marche de la maladie de la manière la plus heureuse. Les parois de l'abcès étaient adhérentes, et l'ont toujours été depuis.

15 juin. — Les ulcères de la face et du col étaient cicatrisés. Il ne restait plus que l'ulcère ovoïde à base tuberculeuse, situé derrière la région moyenne du muscle sterno-cléido-mastoïdien.

L'ulcère de trois pouces, qui couvrait une partie de la région antérieure droite de la poitrine, était remplacé par une cicatrice assez belle, ainsi que les ulcères de l'aisselle droite.

Il est à peine nécessaire de dire que depuis trois semaines Macaire exécutait les mouvemens de rotation de la tête sur le col avec la plus grande facilité, qu'il avait recouvré la mastication, et qu'il en usait à son très-grand plaisir.

10 juillet. — Notre malade éprouva du malêtre, de la gêne à respirer, de la toux, de la di-

minution d'appétit; l'ulcère qui restait derrière la région moyenne du muscle sterno-cléido-mastoïdien suppurait passablement. J'avais beaucoup ménagé cet ulcère, voyant que les autres guérissaient aussi promptement par les préparations iodurées; et, par la suite, je l'ai regardé pendant long-temps comme un exutoire naturel.

Les accidens dont je viens de parler ressemblaient trop à ceux qu'avait éprouvés Auguste Jarry pour que je ne misse point en usage les mêmes moyens qui m'avaient déjà réussi. Je fis donc appliquer deux emplâtres de poix de Bourgogne l'un après l'autre sur le dos; je donnai deux fois de la manne; la première dose n'eut point d'effet; la seconde provoqua un vomissement bilieux très-abondant et sept ou huit selles dans la matinée.

Je dois dire ici que, dès la seconde quinzaine du traitement, j'ai commencé à toucher les ulcères avec des solutions iodurées concentrées, et que cette excitation a paru hâter singulièrement leur cicatrisation; les progrès en étaient même rapides au point d'être sensibles du jour au surlendemain; de sorte que j'ai dû rallentir l'influence de ce traitement local; car nous ne pouvions douter que ce ne fût à cette influence trop hâtive qu'il fallait attribuer les accidens qui avaient eu lieu à la fin du second mois du traitement ioduré.

25 juillet. — Appétit, sommeil, bien-être. On pansait l'ulcère unique une fois par jour avec la pommade au proto-iodure de mercure. La dose de l'iode à l'intérieur était de trois quarts de grain par jour; les cicatrices étaient touchées deux fois par semaine avec de la solution iodurée rubéfiante, ou même avec l'iode caustique, afin de les rendre moins rouges, plus lisses, moins proéminentes.

25 octobre. — Macaire était au mieux sous tous les rapports : les cicatrices étaient des plus belles, elles s'effaçaient trop, si je puis dire, car déjà elles ne donnaient plus l'idée de la maladie dont elles étaient la suite. J'avais continué jusqu'alors de les toucher avec la solution iodurée, et le malade n'avait pas discontinué l'usage intérieur de l'iode. L'ulcère unique qui restait depuis trois mois était cicatrisé, ou à peu près; il se rouvrait de temps en temps, ce que je ne cherchais point à contrarier. J'avais toujours omis d'exciter cet ulcère, parce qu'il me paraissait remplir l'office d'un exutoire par lequel la suppuration continuait pendant quelque temps encore; ce qui pouvait être nécessaire à cause de la suppuration très-abondante à laquelle l'économie était accoutumée depuis près de vingt ans, et dont la suppression trop brusque aurait pu n'être pas sans inconvénient.

31 décembre. — Depuis deux mois le traitement

local était à peu près négligé. L'eau minérale iodurée avait été continuée afin de mieux confirmer la guérison de cette maladie qui s'est maintenue jusqu'à présent sans aucune récidive, et que tout, aujourd'hui, annonce devoir être durable.

B. *Dans la scrofule cutanée esthiomène.*

NEUVIÈME OBSERVATION.

Scrofule esthiomène du nez, de la lèvre supérieure et des joues.

Pierre Joseph Guillaume, âgé de 29 ans 10 mois, cordonnier, fut mis en traitement le 20 novembre 1828, pour une scrofule esthiomène. Les ailes, la cloison et le lobe du nez étaient ulcérés et rongés de trois lignes; la lèvre supérieure hypertrophiée, indurée, raide, portée en avant et en haut, de manière que le malade était bouche béante. Le nez n'était pas seulement ulcéré et détruit en grande partie; ce qui restait des cartilages latéraux et de la cloison était mou, saignant; au point que ces parties, ainsi que la lèvre supérieure, saignaient par le moindre mouvement pour parler, pour manger, pour moucher, etc. Ces divers mouvemens occasionaient de petites hémorrhagies, et détachaient quelques incrustations, ce qui faisait naître une légère douleur locale que le malade n'avait jamais éprouvée par l'érosion des parties. L'orifice des narines offrait un ulcère principal ovoïde dont le centre répondait au cartilage de la cloison du nez, et les deux extrémités aux lobules de ses ailes. Cet ulcère était recouvert de croûtes qui bouchaient le passage de l'air, avec d'autres incrustations qui existaient en plus grand nombre dans les fosses nasales; de chaque côté du nez, le tiers interne de la joue était rouge, hypertrophié, couvert de petits groupes de pustules très-près de former autant de petits ulcères, qui, en se développant, auraient fini par se toucher.

L'ulcère situé sur l'orifice des narines s'était développé de cette manière : Il avait commencé par le lobule de l'aile gauche; puis par le cartilage de la cloison, puis par le lobule de l'aile droite; et ces trois points avaient envahi l'intervalle qui les séparait à leur origine, en se développant individuellement. J'insiste sur ce mode de formation, que j'ai signalé le premier, et que j'établirai d'une manière générale quand je traiterai du diagnostic anatomique des maladies scrofuleuses.

Cette maladie avait commencé à l'âge de 26 ans

4 mois, au printemps, par l'aile gauche du nez; quatre mois plus tard, Guillaume avait eu son congé de réforme au régiment, la maladie étant encore bornée à son point de départ. Elle ne prit de l'accroissement qu'au printemps suivant, c'est-à-dire au bout d'un an; et l'état dans lequel le malade se présenta à l'hôpital Saint-Louis n'existait guère que depuis trois mois.

A 16 ans, Guillaume avait eu la même maladie sur l'aile droite du nez pendant un an, et en avait guéri au bout de ce temps par une pommade avec laquelle une femme le pansa pendant trois semaines.

Ce malade n'offrait aucune circonstance d'hérédité; ses parens étaient jeunes; il avait deux sœurs et deux frères exempts de tout signe de scrofule; lui-même avait joui d'une bonne santé jusqu'à 16 ans, qu'il avait éprouvé la première atteinte de sa maladie.

Dès la première quinzaine du traitement par la pommade au proto-iodure de mercure, cette maladie éprouva un amendement si rapide, que tous les assistans et le malade lui-même en croyaient à peine ce qu'ils voyaient. La marche de l'érosion était évidemment arrêtée; les ulcères avaient pris un aspect moins fâcheux; les tissus avaient recouvré en partie leur sensibilité. Ce malade était un sujet d'observation des plus intéressans, à cause qu'il était le premier sur lequel j'essayais le proto-iodure de mercure. Jusqu'alors j'avais traité cette espèce de scrofule par l'hydriodate de potasse ioduré. Je changeai de remède en cette occasion, parce que la maladie me parut avoir un aspect syphilitique que ne confirmaient cependant pas les renseignemens fournis par le malade, qui nous assura n'avoir jamais eu de maladie vénérienne.

Au bout de six semaines, l'ulcère principal en formait trois, c'est-à-dire que les ulcères primitifs des lobules des ailes du nez, et celui de la cloison, guérissaient individuellement; il n'y avait plus d'hémorrhagies locales par le moucher, ni par la mastication, ni par les mouvemens de la parole; la lèvre supérieure, moins hypertrophiée, n'offrait plus que quelques pustules; on n'en voyait presque plus sur les joues.

Après trois mois de traitement, la maladie était à peu près guérie, sans qu'il y eût eu une suppuration locale abondante. Il restait encore deux points ulcérés: l'un à droite du cartilage de la cloison du nez, l'autre au niveau et un pouce au dessus de la commissure gauche des lèvres. Le premier était un petit ulcère très-peu déprimé, se couvrant d'une croûte à peu près ronde, très-mince, d'une ligne et demie de diamètre. Le second était un groupe de trois ou quatre petites pustules formant une ulcération sur laquelle se formait un nombre de croûtes égal à celui des pustules élémentaires ; ces croûtes étaient très-minces, et se renouvelaient très-rarement, ainsi que celle qui recouvrait le premier point dont nous venons de parler.

Pour ces deux petites ulcérations, si peu étendues, si peu profondes, j'ai continué le traitement pendant trois mois encore, c'est-à-dire pendant autant de temps qu'il en avait fallu pour amener la maladie à ce degré de guérison. Ce second traitement, si je puis l'appeler ainsi, ne modifiait que faiblement ces deux vestiges de la maladie. C'est pourquoi je finis par les regarder comme de simples accidens, de simples macules que je touchai deux fois en dix jours avec le nitrate acide de mercure. Cette cautérisation fut faite très-légèrement. Il n'y eut point de suppuration au dessous de l'eschare ; la croûte tomba la seconde fois plus vite que la première, et laissa à nu une surface recouverte d'épiderme, dont la couleur n'offrait plus aucune différence avec celle des parties ambiantes.

Ce malade qui déjà, depuis trois à quatre mois, se rendait utile dans la salle, continua de même pendant deux mois encore, toute préparation iodée étant supprimée. A cette époque, il demanda sa sortie pour être de retour chez lui avant la mauvaise saison.

SUITE DE L'HISTOIRE DE GUILLAUME.

3 novembre 1830. — Ce malade est rentré pour une récidive qui a guéri en cinq semaines, en la touchant de jour entre autre avec des solutions iodurées.

Il n'était pas guéri complètement, que déjà il était garçon de pharmacie : service assez pénible; et particulièrement désavantageux, puisque cet homme porte sur sa tête des carrés de pots de tisane. Depuis cinq mois cependant, la cicatrice du nez n'est ni moins solide ni moins belle; les parties molles continuent à jouir de la même souplesse que celles des joues, ou de toute autre partie du corps.

DIXIÈME OBSERVATION.

Tubercules cervicaux; esthiomène du col et de la face; absence d'hérédité et de causes occasionelles des auteurs. Traitement ioduré d'un an. Guérison.

Henri Michel, 18 ans, relieur. Ce jeune homme est né de parens jeunes et d'assez bonne santé. Il a perdu un frère et une sœur presque à leur naissance; il a un frère âgé de 17 ans, qui n'a jamais été malade; une sœur, âgée de 13 ans, qui a eu des ophthalmies dès le premier âge; une autre sœur, qui n'a encore que 15 mois.

A 6 ans, il a eu des tubercules au col; il en a eu beaucoup par la suite, et il en avait encore quand nous avons étudié sa maladie à 18 ans.

La plupart avaient été ulcérés. La peau de cette région avait fini par s'hypertrophier et se couvrir de pustules; de sorte que le col offrait, particulièrement du côté droit, des ulcères tuberculeux et des ulcères cutanés esthiomènes.

A 13 ans, l'esthiomène s'était développé de bas en haut, et avait gagné le côté droit du visage.

La maladie s'était répandue par des pustules groupées sur des macules rouges, hypertrophiées, d'une étendue variable. Ces pustules s'ulcéraient à leur sommet et se couvraient de croûtes; la cicatrisation avait lieu après une suppuration plus ou moins prolongée; mais, en même temps, paraissaient de nouvelles pustules, toujours de la même manière; de sorte que la joue était envahie, de bas en haut, par des pustules sur des plaques rouges qui offraient toutes la même marche.

A 17 ans, nouvel essor de la maladie; elle gagna la moitié inférieure de la joue gauche, la lèvre inférieure, et, sur ces deux régions comme sur les précédentes, la maladie s'étendait par la rougeur, l'hypertrophie, l'induration de certains points de la peau, sur lesquels se montraient des pustules et des croûtes humides.

A 18 ans, lorsque Michel a été soumis à notre observation, le côté droit du col et de la face, la moitié inférieure de la joue gauche, quelques points au dessous, la lèvre inférieure, la supérieure, étaient envahis par la scrofule cutanée esthiomène.

On remarquait particulièrement des groupes de pustules sur la pommette droite; derrière et sur le grand angle droit de la mâchoire inférieure; à la base de cet os, sur l'extrémité inférieure du muscle masseter; sur la commissure droite des lèvres, qui offrait une ulcération profonde; à la base de la mâchoire du côté gauche; sur le bord libre de la lèvre inférieure; sur le menton. Entre ces groupes de pustules, la peau était rouge, hypertrophiée, indurée. Elle offrait des cicatrices anciennes, et çà et là des pustules qui n'étaient pas encore cicatrisées.

Les groupes de pustules présentaient la maladie dans sa maturité; les intervalles offraient toutes les périodes de la cicatrisation.

C'étaient des pustules qui suppuraient encore et se couvraient de croûtes minces; d'autres qui étaient affaissées, et dont le siége était encore couvert de squammes qui se renouvelaient plusieurs fois avant que la cicatrice fût achevée.

Sur certains points, on voyait des cicatrices lisses, polies, comme dépouillées d'épiderme.

Ces divers états de la maladie se dessinaient sur un tissu cutané rouge, hypertrophié, induré. De sorte que les mouvemens de la parole, ceux de la mastication, etc., en étaient très-gênés, et que les divers mouvemens occasionés par l'usage des joues et des lèvres déterminaient quelquefois de petites hémorrhagies. D'ailleurs, cette maladie n'avait jamais occasioné de douleur locale.

Depuis quinze jours seulement, Michel avait un coryza; il avait déjà des incrustations dans les fosses nasales et sur l'orifice des narines. Nous ne vîmes cependant point d'ulcération sur la pituitaire.

14 octobre 1829. — Traitement ioduré. Pendant plusieurs mois, la maladie n'en a éprouvé que de faibles amendemens. Il est vrai que nous avions supprimé l'eau minérale iodurée dès le mois de décembre, et que, pendant l'hiver, le malade ne faisait que le traitement local.

Néanmoins, vers la fin de février 1830, la maladie, qui, dans sa marche spontanée, aurait acquis plus d'intensité par l'influence très-prochaine du printemps, éprouva, au contraire, sous celle du traitement local ioduré, une amélioration des plus sensibles. — Les groupes de pustules étaient mieux distincts les uns des autres; les pustules, dont chacun d'eux était formé, étaient moins confluentes, plus isolées. Un gros tubercule, qui existait derrière le grand angle droit de la mâchoire inférieure, commença à diminuer de volume; la maladie entrait évidemment en voie de guérison. . . . .

Au mois de mars, l'usage intérieur de l'iode fut repris. Au mois d'avril, je commençai à toucher les pustules d'abord avec de la solution iodurée rubéfiante, et incessamment avec celle caustique.

Je touchais la maladie chaque deux jours, ou plutôt trois fois par semaine, le jour du bain, quand le malade en était revenu. L'action locale de la solution était très-vive pendant près d'une heure. Elle a été en diminuant à mesure que la maladie approchait davantage de sa fin.

Les frictions avec de la pommade iodurée avaient lieu alternativement.

Voici dans quel ordre la maladie a guéri : 1° le groupe de pustules situé sur le tiers inférieur du muscle masseter; 2° celui de l'angle droit de la mâchoire inférieure; 3° celui sur l'angle gauche du même os; 4° celui sur le menton; 5° celui sur la pommette droite; 6° celui sur la commissure droite des lèvres qui a guéri le dernier, et qui a fait longtemps attendre sa guérison. Il n'est pas nécessaire de dire que les pustules, disséminées dans les intervalles de ces groupes pustuleux, ont guéri les premières, et que c'est par leur guérison que les groupes pustuleux se sont isolés d'abord, comme je l'ai dit plus haut.

Guérie depuis six mois, cette maladie n'a point offert de récidive. Cet hiver, je l'ai touchée de temps en temps avec la solution iodurée concentrée, qui n'avait point ou presque point d'effet local.

Samedi 23 avril 1831. — Je l'ai touchée avec l'iode caustique pour voir si, sous l'influence du printemps, la sensibilité locale serait réveillée par l'iode, quoique la maladie n'ait aucunement récidivé : et en effet, l'iode a eu une action assez marquée pour que j'aie dû la noter. Ne pourrait-on pas dire qu'il y a eu récidive dans la sensibilité des parties, mais qu'elle n'a pas été suffisante pour reproduire les macules ni les pustules qui caractérisent anatomiquement la maladie?

---

§ IV. L'iode dans la scrofule celluleuse.

Assez ordinairement les tumeurs qui surviennent au col chez les sujets scrofuleux sont formées de tubercules. Il est des cas, néanmoins, dans lesquels la maladie n'est qu'un abcès; je veux dire qu'elle a son siége dans le tissu cellulaire sous-cutané, ou plus profond, et qu'il n'y a point génération de tubercules.

Le diagnostic de ces sortes de tumeurs fait avec soin sert beaucoup au prognostic.

Un abcès froid cervical est toujours de durée plus courte qu'une tumeur tuberculeuse; il est toujours curable, quel que soit son volume, par les préparations iodurées, qui n'amendent que beaucoup plus lentement les tumeurs tuberculeuses, surtout quand ces tumeurs ont acquis, depuis long-temps, un très-gros volume et un degré fort avancé d'induration.

ONZIÈME OBSERVATION.

Abcès froid, gros comme les deux poings, au côté gauche du col. Ponction; injections iodurées; pansemens iodurés; eau minérale iodurée. Guérison en six semaines.

Victor Auguste Dubois, âgé de 18 ans, menuisier, entra à l'hôpital Saint-Louis le 24 août 1830.

Ce jeune homme, de complexion molle et débile, avait la peau très-blanche, semée de taches de rousseur, et les cheveux rouges; sa poitrine était étroite; il avait la respiration habituellement courte.

Le père, marin de profession, était mort d'accidens de mer.

La mère, âgée de 56 ans, était ordinairement d'une bonne santé.

Sur huit enfans, trois étaient morts.

Un garçon, à 18 ans, mourut des suites de l'opération de la taille. Il y avait chez lui diathèse calculeuse. On trouva, à l'autopsie, des pierres dans la vessie, dans les uretères et dans les reins. On en trouva dans les poumons.

Un autre petit garçon, de 7 ans, et une fille, de 6, étaient morts de vers intestinaux; genre de production dans l'économie animale qui a bien quelque analogie avec celle des tubercules scrofuleux.

Une fille, l'aînée de la famille, âgée de 32 ans, a eu, à plusieurs reprises, des tubercules cervicaux; peut-être même n'était-ce que des abcès froids au col semblables à ceux du frère dont nous faisons l'histoire médicale.

Une fille, de 30 ans, a eu les yeux malades dans son enfance pendant trois ou quatre ans.

Une, de 15 ans, a gardé un impétigo du cuir chevelu pendant quatre à cinq ans.

L'enfance de notre malade a été tourmentée par la même maladie cutanée et par des ophthalmies rebelles.

Arrivé à Paris à 16 ans, il a eu des engelures très-vives qui l'ont rendu long-temps impotent du pied droit.

A 18 ans, après un refroidissement, il éprouve une douleur sourde sous l'angle droit de la mâchoire inférieure, où se développe incessamment un énorme abcès, qui fait encore des progrès plus rapides après l'application de dix sangsues.

Huit jours plus tard, je vis le malade : la région cervicale droite était remplie par une tumeur bosselée, dure, sans changement de couleur à la peau, sans chaleur locale; exerçant une compression très-douloureuse sur les parties sous-jacentes (1) qu'elle refoulait, quoiqu'elle fît encore une saillie du volume de deux poings : la tête en était déjetée sur l'épaule gauche ; la peau, vivement tendue, ne cédait point à la pression, qui d'ailleurs n'était guère douloureuse. L'œsophage, la trachée, étaient comprimés au point que la déglutition et la respiration en étaient très-gênées, et que le malade ne pouvait plus avaler que de la bouillie.

Frictions matin et soir avec de la pommade au proto-iodure de mercure. — Cataplasmes iodurés par dessus les frictions. — Eau minérale iodurée. — Deux ou trois bains hydro-sulfurés par semaine.

9 septembre. — Ponction de la tumeur sur le point où la peau paraît le plus amincie. — Sortie d'un litre de pus, mélangé de flocons albumineux. — Injections de solution iodurée dans le kyste vidé.

Immédiatement après la ponction, cessation des accidens de compression ; Dubois avale et respire avec facilité.

---

(1) Nous voyons fréquemment des tumeurs tuberculeuses cervicales qui n'occasionent aucune douleur locale, quoique, par leur poids, elles exercent une très-forte compression. L'absence de la douleur dans ces cas ne tient-elle pas ordinairement à ce que la compression est survenue d'une manière graduée ?

20 septembre. — La partie supérieure du foyer était cicatrisée. — Ponction d'une poche formée dans un cul-de-sac de ce foyer, dont la partie déclive ne pouvait se déterger.

Dans les premiers jours d'octobre, la suppuration était à peu près tarie; je touchai les parois du foyer, ainsi que l'orifice d'un petit pertuis fistuleux qui restait encore, avec l'iode caustique. Je répétai cette excitation spéciale trois ou quatre fois, et le malade sortit guéri de l'hôpital le 9 octobre 1830, offrant seulement une certaine induration des parois du foyer qui avaient contracté des adhérences avec le tissu cellulaire sous-jacent.

DOUZIÈME OBSERVATION.

Ophthalmie double depuis la plus tendre enfance. Depuis l'âge de 18 ans, plusieurs abcès fistuleux sur la fesse gauche, la région lombaire, l'épine antérieure supérieure de l'os des îles, la cuisse, l'aine du même côté. — Cinq ulcères tuberculeux au col. — Cas singulier d'hérédité. Quatre mois et vingt jours de traitement ioduré. Guérison.

Edouard Buttot, âgé de 21 ans, mercier, de

haute stature, brun, les cheveux noirs, les lèvres et les ailes du nez n'offrant rien à noter, fut admis au traitement ioduré dans l'état suivant :

Ophthalmie légère; les yeux humides; plusieurs petites taies à la circonférence de la cornée; la vue courte, faible au point que Buttot ne pouvait lire quelques pages de suite. Cet état des yeux était la suite d'une ophthalmie plus intense qui avait été habituelle depuis la plus tendre enfance jusqu'à l'âge de 15 ans, et qui, à cet âge, avait été très-heureusement modifiée par la variole.

Le col offrait cinq ulcérations tuberculeuses, trois à droite, deux à gauche; et de chaque côté la peau était profondément altérée, humide, mollasse, couverte de végétations.

La fesse gauche offrait dans son milieu deux cicatrices très-déprimées, comme festonnées et adhérentes aux parties sous-jacentes; elles étaient la suite d'un énorme abcès qui avait eu lieu dans la fosse iliaque, et qui était resté fistuleux pendant deux ans.

On voyait une cicatrice pareille au niveau de la dernière vertèbre lombaire; l'abcès dont elle provenait n'avait été fistuleux que pendant un mois.

Deux cicatrices vers l'épine antérieure supérieure de l'os des îles gauche : la peau y était encore rouge, molle, imprégnée de pus, laissant suinter une sérosité qui formait des incrustations.

Trois ulcères fistuleux à un pouce l'un de l'autre, suite de deux abcès froids, sur la moitié supérieure postérieure de la cuisse gauche.

Trois ulcères dans l'aine du même côté. Tous ces abcès fistuleux étaient survenus depuis l'âge de 18 ans.

Sous le rapport des causes, cette observation est fort intéressante.—Le père d'Edouard Buttot avait eu six enfans d'un premier lit, tous entachés de scrofule; il en avait eu six d'un second mariage, tous exempts de cette maladie.

1er août 1829.—Pansemens iodurés; frictions iodurées sur les cicatrices; collyres iodurés, en ayant soin d'injecter de la solution derrière les paupières et dans le grand angle de l'œil; eau minérale iodurée; bains hydro-sulfurés.

Au bout d'un mois de ce traitement, le malade put lire avec facilité.—Quatre ulcères, savoir deux du côté droit du col, deux dans l'aine gauche, étaient cicatrisés.

Au bout de trois mois, tous les ulcères étaient fermés, et la vue était fort bonne. Je cessai le traitement local; mais il fallut incessamment le reprendre pour deux ulcères qui se rouvrirent au côté droit du col, et qui se cicatrisèrent définitivement après quelques applications de pommade iodurée. Le malade était dans l'idée que cette récidive passagère de deux ulcérations était due à l'action des bains de Barrèges. Il disait même qu'il aurait guéri plus vite s'il n'en avait point pris. Quoique je ne partage point cette opinion, je ne l'ai point passée sous silence; ayant une manière d'interroger les malades qui les retient constamment dans le récit des impressions qu'ils éprouvent, et qui les éloigne de toute opinion sur le diagnostic et le traitement de leur maladie.

TREIZIÈME OBSERVATION.

Six ulcères fistuleux dans l'épaisseur de la cuisse gauche; hypertrophie, induration du tissu cellulaire de ce membre; ulcère longitudinal croisant obliquement de haut en bas la clavicule gauche; carie de la rotule de ce côté; ulcère fistuleux dans la région moyenne postérieure de la cuisse droite. Huit mois de traitement ioduré. Guérison.

Antoine-François Regnaudin, âgé de 15 ans 4 mois, né d'un père tuberculeux pulmonaire âgé de 35 ans, avait perdu une sœur morte à 9 ans d'une carie vertébrale; il avait un frère âgé de 8 ans, un autre qui en avait 3, et qui tous deux étaient noués et de très-petite taille; et, sous ce dernier rapport, notre malade leur ressemblait beaucoup.

Voici le diagnostic de sa maladie avant le traitement iodé :

Il y avait deux fistules, une à chaque extrémité du tiers moyen antérieur de la cuisse gauche, qui étaient la suite d'un séton qu'on avait pratiqué cinq ans auparavant pour un vaste abcès froid, situé sous l'aponévrose *fascia lata*. Le malade avait encore deux ulcères fistuleux, l'un dans l'aine gauche, l'autre un pouce au dessous; une fistule, dont l'orifice extérieur était largement ulcéré, située dessous l'angle inférieur de la rotule; un ulcère fistuleux à la face interne moyenne de la cuisse; une ulcération longitudinale de trois pouces, coupant obliquement la clavicule et la croisant en forme de croix, et enfin une ulcération fistuleuse profonde dans la région moyenne postérieure de la cuisse droite.

Tous ces ulcères fistuleux avaient le plus mauvais aspect par leur dépression, par la rougeur de leurs bords qui s'étendait de plusieurs lignes à leur circonférence, et de plus encore par l'hypertrophie, l'induration du tissu cellulaire ambiant. La cuisse gauche était presque doublée de volume par cette hypertrophie indurée du tissu cellulaire du membre et de la peau elle-même qui était noirâtre et contrastait beaucoup avec celle des autres régions du corps, dont la peau était d'une belle blancheur.

Tous ces ulcères étaient fistuleux et suppuraient abondamment. Le pus qu'on en faisait sortir par la compression des parties voisines était jaunâtre et très-fluide, formant quelques incrustations au pourtour des ulcères, et parfois aussi sur les ulcères d'où elles étaient bientôt détachées par un nouveau jet de pus.

La plus profonde, la plus étendue de ces fistules, celle qui communiquait peut-être avec toutes celles du même membre, était située à la partie moyenne interne de la cuisse gauche. — Le cathétérisme faisait reconnaître un foyer très-étendu, surtout de bas en haut, dans lequel était une collection purulente, probablement enkystée; car nous ne pûmes arriver jusqu'à l'os. Le cathétérisme de l'ulcère situé au dessous de l'angle inférieur de la rotule nous conduisit directement à cet os que nous ne trouvâmes cependant pas dénudé; peut-être à cause de cette habitude constante que nous avons contractée, d'éviter avec soin aucune exagération de diagnostic, afin de ne point exagérer l'efficacité de l'iode.

En outre des ulcères fistuleux que présentait Regnaudin, et que je me suis appliqué à énumérer dans leur ordre de succession, il portait un grand nombre de cicatrices de même origine. — L'une était celle du premier ulcère par lequel la maladie avait commencé à neuf ans, derrière l'extrémité supérieure du radius gauche, et sur le côté externe de l'olécrâne. Il y en avait trois sur la face externe postérieure de la cuisse gauche, chacune plus large qu'une pièce de trois livres, qui étaient survenues de haut en bas; une, de la grandeur des précédentes, située un pouce au dessous de la tubérosité interne du tibia; trois à la face interne du bras, se touchant par plusieurs points, et n'en formant qu'une seule; de même sur l'épaule il y avait une cicatrice plus étendue que six livres qui était la suite de trois abcès froids qui avaient existé sur l'angle inférieur du scapulum, sur le côté rachidien de cet os, et sur sa face externe. On voyait enfin une autre cicatrice à la partie inférieure postérieure externe de la cuisse droite. Toutes ces cicatrices étaient déprimées, adhérentes; quelques-unes offraient des saillies répondant à des indurations dans l'épaisseur de leur tissu.

Ce grand nombre d'abcès froids qui avaient existé, ou qui existaient encore, s'étaient succédés dans le cours de six ans, ils avaient généralement paru plutôt en été qu'en hiver. Ainsi la suppuration avait été plus abondante dans les saisons chaudes que pendant les saisons froides.

Il est aisé de pressentir l'état d'émaciation auquel Regnaudin devait être réduit par des suppurations dont les sources étaient si nombreuses, si abondantes, si voisines des os, qu'on devait raisonnablement craindre qu'elles ne fussent symptômatiques de l'affection de ceux-ci. Notre malade ne pouvait marcher. Je l'ai laissé au lit trois semaines, pendant lesquelles il y aurait eu dureté à exiger qu'il se levât; mais au bout de ce temps, le traitement iodé ayant touché la maladie de la manière la plus efficace, je commençai à faire promener le malade les jours de beau temps, en plein midi. Pendant trois mois, il eut quelque peine à marcher. A cette époque du traitement, il sortit par la fistule qui existait au dessous de l'angle inférieur de la rotule, un fragment d'os de deux lignes de longueur sur une ligne d'épaisseur. L'ulcère guérit incessamment après la sortie de cette esquille, et le malade n'a plus éprouvé de la gêne à marcher depuis cette cicatrisation.

Par la suite, les autres ulcères fistuleux du côté gauche du corps se sont fermés à peu près dans l'ordre de leur apparition.

Regnaudin est sorti guéri après huit mois de traitement ioduré, le 27 novembre 1829.

QUATORZIÈME OBSERVATION.

Scrofule des tissus cellulaire et graisseux des membres abdominaux qui avaient acquis des dimensions éléphantines; offrant un nombre infini de cicatrices, plusieurs tumeurs celluleuses, plusieurs ulcères fistuleux; aménorrhée. Sept mois et demi de traitement ioduré. Retour des menstrues; les membres avaient repris leur volume et leur forme normale; la plupart des fistules étaient taries; celles qui restaient étaient près d'être fermées. La malade est sortie de l'hôpital par des contrariétés.

L'histoire de scrofule que je vais raconter offre une circonstance très-remarquable, savoir : la lésion profonde et générale du système cellulaire graisseux des membres abdominaux, existant depuis dix ans, sans affection coïncidente des os ni de la peau.

On remarquera aussi la cause de cette maladie qui n'est pas rare, et que j'ai retrouvée assez souvent pour admettre que les enfans peuvent devenir scrofuleux par le lait d'une nourrice scrofuleuse.

Marie-Henriette Levallois; 20 ans; brodeuse.

Jeune fille de petite stature; ayant le nez aplati, la lèvre supérieure un peu gonflée, le tissu cellulaire généralement trop développé, la peau blanche, le teint coloré; très-irrégulièrement menstruée; car, depuis deux ans que ses règles avaient paru, elles n'avaient coulé que trois fois.

Levallois n'avait point de scrofuleux dans sa famille; elle n'avait point éprouvé de privations, et n'avait jamais habité des lieux ni des pays humides. Sa nourrice et sa sœur de lait étaient mortes de maladies scrofuleuses.

Chez notre malade, l'invasion de la scrofule avait eu lieu à dix ans, d'abord sur l'articulation métatarsienne du troisième orteil du pied droit, sous forme d'une tumeur dure qui s'était ulcérée, et avait donné lieu à une fistule d'où suintait un pus mal lié.

En moins de deux ans, dix ou douze autres fistules de même étendue avaient couvert le dos du pied, et s'étaient cicatrisées l'une après l'autre.

Deux de ces fistules n'étaient pas encore fermées, quand la maladie gagna la jambe et la cuisse. Des tumeurs de même nature, mais d'un volume bien plus considérable, affectèrent la même marche, la même terminaison. A des tumeurs profondes succédèrent des abcès, des fistules, et enfin des cicatrices plus ou moins foncées, suivant la durée de la suppuration, et dont nous décrirons l'aspect un peu plus bas.

Cette série non interrompue d'abcès froids parut s'arrêter au bout de cinq ans sur le membre abdominal droit; mais déjà, depuis trois ans, le membre du côté opposé était affecté, et toujours avec la même succession de phénomènes : des tumeurs, des abcès, des fistules, des cicatrices (1).

---

(1) Je noterai à part un autre symptôme de la maladie pour avoir occasion de parler d'une forme particulière de cicatrice scrofuleuse. Cette jeune fille avait eu des tubercules cervicaux, ou peut-être même de simples abcès froids, qui avaient paru au commencement de la maladie au côté droit du col, au dessous de l'angle et du corps de la mâchoire inférieure, qui avaient long-temps suppuré et avaient donné lieu à des cicatrices d'un caractère particulier. Elles ressemblaient aux valvules formées à l'origine de l'aorte par des replis de la membrane interne.

A la même époque, nous avions à l'hôpital Saint-Louis une jeune fille nommée Lecomte, qui offrait de chaque côté du col des cicatrices absolument semblables aux valvudes sygmoïdes ; de sorte qu'on aurait pu croire que cette singularité dans la forme des cicatrices était une suite fréquente des ulcérations scrofuleuses ; et cependant nous n'en n'avons plus retrouvé de semblables que très-rarement, et n'offrant même point cette similitude avec les valvudes sygmoïdes de l'aorte d'une manière aussi complète.

Si j'eusse retrouvé des cas semblables, je les aurais traités par un procédé particulier que j'applique assez heureusement à certaines variétés de scrofule cutanée. J'aurais excisé ces valvules avec des ciseaux courbes sur leur plat, et j'aurais ensuite touché les plaies avec de l'iode rubéfiant, ou même avec de l'iode

Enfin, cette longue suite de maux n'ayant pas épuisé le principe de la maladie, de nouveaux abcès se développant sans cesse dans les mêmes régions, Henriette Levallois entra à l'hôpital Saint-Louis; et voici quel était le diagnostic avant le traitement, le 23 juillet 1828.

---

caustique, afin que ces plaies faites par l'excision ne devinssent point des ulcères scrofuleux, et pour hâter leur cicatrisation.

Voici un exemple du succès de ce procédé dans un cas très-singulier de scrofule cutanée circinnée :

Un tisserand, âgé de dix-neuf ans, portait une scrofule circinnée de trois pouces de diamètre, située sur les parties latérales gauches de la joue et du col depuis un demi-pouce au dessous du pavillon de l'oreille jusqu'au niveau de l'extrémité des cornes de l'os l'hyoïde. Cette scrofule offrait de remarquable qu'elle contenait dans son centre une plaque de peau saine qui formait un sorte d'île entourée d'un ruban de trois lignes en largeur, de peau rouge, décollée, imprégnée de pus.

Je traitai d'abord cette maladie par des applications iodurées et par l'usage intérieur de l'iode.

10 décembre 1830. —Après un mois de ce traitement, la maladie n'avait point éprouvé d'amélioration ; la peau était même décollée plus que jamais, et le pus s'accumulait dessous, quoiqu'elle fût percée d'un grand nombre de pertuis.

J'aurais pu châtier par un traitement local plus énergique ces chairs fongueuses, imprégnées de pus scrofuleux, en les imprégnant fortement d'iode; mais cette marche m'ayant paru sujette à trop de lenteur, j'imaginai d'*ébarber* avec l'instrument tranchant toutes les portions de peau décollée et de

Le pied droit était couvert de cicatrices blanches, solides, les unes superficielles, les autres enfoncées et adhérentes aux tissus sous-jacens. Des cicatrices de même nature existaient sur la jambe et sur la cuisse; une partie de ces cicatrices étaient

---

toucher ensuite la surface saignante avec de l'iode concentré. J'avais déjà adopté ce procédé dans d'autres cas moins difficiles que celui-ci avec un succès complet.

En premier lieu, cette scrofule cutanée circinnée ne fut ébarbée que dans les deux tiers de sa circonférence. Elle ne le fut point dans son tiers inférieur, à cause que la peau y était moins décollée et qu'elle offrait sur ce point une altération moins profonde.

15 février.—Cette portion de cercle que nous avions laissée à elle-même était gonflée; elle était travaillée, à son tour, par l'inflammation scrofuleuse, et aurait été incessamment décollée, baignée de pus comme celle dont nous avions fait l'ablation. Le point du cercle où l'opération avait été terminée en haut et en arrière, sur le grand angle de la mâchoire, offrait un ulcère de mauvaise nature qui paraissait être le confluent où le pus aboutissait des deux fistules voisines. En outre, la partie que nous avions ébarbée n'offrait point de tendance à se cicatriser.

J'achevai donc l'opération. J'ébarbai ce qui ne l'avait pas été.

Dès ce moment, la maladie prit une marche prononcée vers la guérison.

20 mars. - Mal-être général, qui dura quatre ou cinq jours avec des symptômes locaux assez marqués. Cet état frébrile aboutit par un abcès sur le point le plus déclive du cercle scrofuleux, qui gagna la région hyoïdienne droite. Cet abcès fut ouvert. Son

au niveau de la peau, arrondies, de l'étendue d'une pièce de dix sous; d'autres étaient longitudinales, enfoncées, profondément adhérentes aux muscles, ou aux os, et ressemblaient, d'une manière frappante, à ces longues cicatrices en sillon

---

confluent dans la scrofuleuse circinnée nous offrit un sinus de trois lignes de profondeur sur deux pouces d'étendue. Les surfaces de ce sinus étaient rouges et s'irritaient l'une par l'autre.

J'y introduisis d'abord un petit plumeau trempé de solution iodurée concentrée qui y déposait beaucoup d'iode, et après avoir touché les surfaces de la sorte, je laissai à demeure, dans le sinus, un petit tampon de charpie mouillée de la même solution. Après ce petit pansement particulier, je badigeonnai tout le cercle scrofuleux et même son centre, quoique la peau parût saine sur ce point : quelquefois néanmoins nous avions des doutes à cet égard ; nous étions portés à penser que ce centre n'était, peut-être, qu'un plancher au dessous duquel existaient plusieurs trajets fistuleux aboutissant à la circonférence, et qu'il faudrait procéder à l'ablation de ce centre, comme nous avions opéré celle de la circonférence.

Mais depuis la troisième opération le cercle est cicatrisé ; il l'est franchement. Le malade nous dit qu'il n'éprouve aucun sentiment local qui l'avertisse de la présence de sa maladie, tandis que auparavant non-seulement il pensait à son mal[1], mais il en était sans cesse averti par la difficulté qu'il éprouvait à tourner la tête de gauche à droite.

Ce malade a d'ailleurs besoin de continuer l'usage intérieur de l'iode ; car sa vie est entachée de scrofule depuis qu'il est né. Je toucherai, en outre, une ou deux fois par semaine, la cicatrice circulaire afin qu'elle s'efface davantage. (30 *avril* 1831.)

qui succèdent à des nécroses, et aux opérations pratiquées pour les guérir ; mais la malade nous affirma qu'il n'était jamais sorti de fragmens d'os par ces ulcérations fistuleuses. Deux de ces cicatrices descendaient parallèlement en arrière dans une étendue de trois pouces; elles occupaient la région du mollet en dehors et en dedans, et elles en avaient détruit les parties charnues; de sorte qu'il ne restait de la masse musculaire qui le compose qu'un mince repli, formant comme une crête qui séparait les deux sillons.

Enfin, d'autres cicatrices larges et arrondies s'enfonçaient dans leur centre en entonnoir. Tel était l'état de la jambe droite.

Les mêmes lésions avaient amené les mêmes résultats à la cuisse du même côté; à la cuisse et à la jambe du côté opposé. La description en serait donc superflue. Mais ce qu'il serait difficile de rendre, ce qu'on ne saurait exprimer par la parole, c'est l'aspect général de ces deux membres; ce sont les longs sillons, les enfoncemens infundibuliformes dont le gonflement du tissu cellulaire augmentait encore la profondeur; c'est la dimension et la forme presque monstrueuses, qu'offraient les genoux; le volume des cuisses qui était double du volume proportionnel qu'elles auraient dû avoir; la bouffissure, le gonflement des parties molles (car les os ne paraissaient point participer à la maladie) qui auraient ressemblé à l'éléphantiasis, si l'état de la peau et celui des parties sous-jacentes n'eussent éloigné toute idée de cette maladie.

La cuisse droite était le siége d'une douleur générale sourde. On sentait à sa partie interne et supérieure une tumeur mal circonscrite et d'une extrême dureté. Une ulcération existait à la partie externe et supérieure de ce membre; une au dessus du genou; deux à la face externe de cette articulation.

Ces ulcérations offraient une surface rouge, livide, luisante, sur laquelle on voyait de petits points ulcérés de la grandeur d'une lentille, pâle, blafards, couverts d'une couche grisâtre, et d'où suintait continuellement, et en assez grande abondance, non pas du pus, mais une sérosité roussâtre.

Enfin, au dessous du creux poplité gauche, on sentait une tumeur ovoïde, du volume de deux œufs de poule, d'une dureté, d'une immobilité remarquables; douloureuse et surtout gênante pour les mouvemens du membre, mais sans changement de couleur à la peau.

Malgré cette longue série de maux qui s'était développée depuis dix ans, l'état général était assez bon, et toutes les fonctions, sauf les menstrues, se faisaient régulièrement.

20 août. — Les ulcérations du membre droit avaient cessé de suinter, et étaient presque cicatrisées; la tumeur de la cuisse n'était plus douloureuse; mais celle qui existait au dessous du jarret gauche s'était développée et avait acquis plus de volume, plus de rougeur, plus de chaleur, plus de dureté. Après une marche lente de plus de deux mois, elle s'était ouverte spontanément, et avait donné issue à un pus abondant, mal lié, et qui n'était que de la sérosité. Cette ouverture avait beaucoup soulagé la malade, dont le sommeil était troublé depuis plusieurs jours; mais la tumeur n'avait guère perdu ni de son volume, ni de sa dureté. Une ulcération de l'étendue d'un haricot se forma autour de l'ouverture spontanée. Le fond en était grisâtre, les bords décollés; un stylet, qu'on faisait pénétrer sur ce point, s'enfonçait à la profondeur d'un pouce et demi environ; mais il rencontrait partout des parties molles, et nulle part de parties osseuses; de sorte que, sur ce point comme sur les autres précédemment malades, les os paraissaient être entièrement sains.

2 septembre. — Nouvel abcès à la partie moyenne postérieure de la cuisse droite, à la suite d'une chute que la malade avait faite, quelques jours auparavant, dans l'escalier du pavillon.

16 septembre. — L'action locale de la pommade iodurée n° 1 était très-faible; j'ordonnai le n° 2.

L'eau iodurée avait donné beaucoup de coliques pendant trois semaines; elle n'en causait plus; elle faisait uriner très-abondamment, et excitait beaucoup l'appétit. Je mis la malade à l'usage du n° 3 (un grain d'iode par jour).

5 novembre. — Les règles avaient reparu deux fois depuis six semaines; l'état général était au mieux; mais, à cette époque, Levallois éprouvait de très-vives contrariétés domestiques qui dérangeaient sa santé.

6 janvier 1829. — Apparition des règles, qui durèrent six jours.

6 février. — Nouveau flux menstruel de même durée; les douleurs locales furent dissipées dans les membres abdominaux; la suppuration fut moins abondante et de meilleure nature; mais je ne pus continuer le traitement plus long-temps, à cause des contrariétés dont je viens de parler, qui obligèrent cette jeune fille à se retirer chez un de ses oncles le 24 février 1829. Elle portait encore deux petites fistules, une à chaque cuisse, qui étaient plus profondes, mais à l'orifice extérieur desquelles il se formait encore des incrustations, qui décèlent toujours la suppuration. Il y avait une autre fistule, suite du dernier abcès qui avait eu lieu sur le mollet gauche, qui suppurait plus abondamment que les deux précédentes. Les membres abdominaux avaient perdu leur bouffis-

sure éléphantine, et offraient un volume presque normal. Je ne doute point que cette maladie n'ait achevé de guérir spontanément, la malade ayant continué le traitement local, ainsi que je le lui avais conseillé.

---

§ V. L'iode dans la scrofule des os.

QUINZIÈME OBSERVATION.

Tumeur blanche du coude avec carie et abcès; scrofule congéniale non héréditaire. Cinq mois de traitement ioduré. Guérison.

Pierre Ducret, âgé de dix-sept ans, de petite taille, d'une constitution faible, ayant le teint jaune presque mulâtre, entra à l'hôpital Saint-Louis, déjà très-émacié par une tumeur blanche du coude avec carie et abcès.

Ce jeune homme était venu à Paris vers l'âge de 15 ans pour travailler dans l'atelier des savoyards. Ce fut vers cette époque qu'il commença à éprouver les premières atteintes de sa maladie. Douleur sourde; gonflement de l'articulation humero-cubitale gauche; gêne peu prononcée dans les mouvemens de cette articulation. Le progrès de la maladie fut assez lent, et n'empêcha point le malade de continuer à *piquer des cardes* avec sa main droite pendant à peu près deux ans.

Au bout de ce temps, avril 1830, la tumeur s'échauffa : les symptômes locaux acquirent plus d'intensité, et le malade entra à l'hôpital Saint-Louis le 29 mai 1830. Il soutenait son avant-bras gauche, fléchi presque à angle droit ; une tumeur fusiforme embrassait l'articulation humero-cubitale et la partie inférieure du bras, dont l'amaigrissement très-avancé annonçait la gravité de la maladie articulaire.

Une ponction, faite immédiatement au niveau de l'épitrochlée, donna issue à une énorme quantité de pus séreux, et même de grumeaux caséiformes. Un stylet introduit par l'ouverture nous fit reconnaître la carie au moins de cette apophyse, dans la substance de laquelle pénétrait l'instrument.

Injections ; frictions ; pansemens iodurés.

L'histoire de cette maladie n'offrait ni cause héréditaire ni cause occasionelle des auteurs.

Le malade qui en est le sujet est né d'une double parturition ; il a toujours été faible et arrêté dans son développement, tandis que son frère jumeau est d'une assez forte constitution.

Sur sept frères ou sœurs, aucun n'est mort ; tous

se portent bien, depuis l'aîné qui a 27 ans, jusqu'au plus jeune qui en a 12.

Peu de jours après la ponction de l'abcès, l'ouverture se transforma en une ulcération fongueuse, arrondie, du diamètre de deux francs : aux moyens précédens furent joints des brachiluves iodurés et l'eau minérale iodurée.

Dès les premiers jours de juillet, la maladie avait pris une marche vers la guérison. Le volume du coude avait diminué, et déjà l'articulation, ronde et complètement immobile avant le traitement, commençait à exécuter quelques mouvemens de flexion et d'extension.

Au commencement de septembre, la tumeur était très-peu prononcée; les ulcérations que nous avions touchées avec de la solution iodurée étaient cicatrisées, et les cicatrices acquéraient chaque jour plus de solidité; l'articulation exécutait sans douleur des mouvemens de flexion et d'extension. D'ailleurs ces mouvemens étaient accompagnés d'un certain froissement rugueux annonçant l'usure d'une portion du cartilage diarthrodial, qui empêchera probablement le retour complet des mouvemens de l'articulation. Le membre avait repris de la nutrition et de la force.

7 novembre 1830. — Après cinq mois de traitement, Ducret est sorti de l'hôpital ne conservant qu'un peu de raideur dans les mouvemens du

coude, cette articulation ayant, à peu près, recouvré ses dimensions normales.

SEIZIÈME OBSERVATION.

Tumeur blanche de l'épaule droite; plusieurs abcès froids fistuleux; marasme du bras; colliquation générale. Traitement ioduré de dix mois; guérison très-avancée. Récidive des plus alarmantes, traitée localement d'une manière énergique; la maladie guérit de nouveau. Depuis quatre mois, il ne reste que trois petits trajets fistuleux, peu profonds, qu'on pansait avec de petits plumasseaux enduits de pommade iodurée que j'ai remplacés, depuis quelques jours, par de simples excitations au moyen de solutions concentrées d'iode.

Auguste Boule, âgé de 32 ans, passementier, de taille ordinaire, entra à l'hôpital Saint-Louis le 20 octobre 1829.

Le père mort de maladie aiguë en trois jours; la mère morte de chagrin quelque temps après; une sœur de la mère morte phtisique pulmonaire, et l'un de ses enfans traité de scrofule à l'hôpital Saint-Louis.

Un frère mort à 30 ans de la variole; un, à 15 ans, de maladie de langueur. Il en reste un troisième qui jouit d'une bonne santé.

Auguste Boule s'est assez bien porté jusqu'à 14 ans; mais depuis cet âge le génie scrofuleux n'a cessé de se montrer chez lui, d'abord sous la forme d'abcès froids, puis sous celle de tubercules ulcérés, et enfin il a affecté les os de la manière la plus grave, et jusqu'à conduire notre malade au plus haut degré d'émaciation.

Je vais donner l'histoire de sa maladie selon l'ordre d'apparition des symptômes.

A. Douleur vive rapportée dans le dos au niveau de la colonne vertébrale, qui persiste pendant un certain temps, au bout duquel paraît un vaste abcès par congestion, qui reste fistuleux pendant sept ou huit mois, et qui est remplacé par trois autres abcès de même nature qui se succèdent à des distances assez éloignées.

B. De nouveaux abcès se développent dans l'aine droite; on aurait pu les regarder comme la suite des précédens, comme une direction nouvelle que le pus avait prise, les autres fistules étant taries, ainsi que ce n'est pas rare dans les caries de la région dorsale; ces abcès n'étaient que des ulcères tuberculeux.

En même temps que des tubercules étaient engendrés avec rapidité dans l'aine gauche, la même génération avait lieu dans les régions sous-maxillaire et cervicale, où ils suivaient la même marche : ramollissement; ulcération fistuleuse; cicatrisation à peu près spontanée.

Les aisselles, les flancs, les cuisses, furent de nouveau labourés, à diverses époques, par des ulcères fistuleux.

C. Octobre 1828. — Boule entra à l'hôpital de la Pitié pour s'y faire traiter d'un de ces abcès froids auxquels il était si sujet depuis 15 à 16 ans. Il y subit d'abord un traitement mercuriel, quoiqu'il n'eût jamais eu de maladie syphilitique.

Pendant son séjour dans cet hôpital, il commença à éprouver une douleur assez vive dans l'épaule droite, accompagnée de beaucoup de gonflement; un traitement antiphlogistique très-énergique ne fit qu'affaiblir le malade.

Sorti de la Pitié, Boule entra à l'Hôtel-Dieu, où le traitement antiphlogistique employé une seconde fois le conduisit à l'étisie.....

Voici l'état de la maladie le 21 octobre 1829, quand le traitement ioduré fut commencé.

L'épaule droite fort arrondie, et doublée, au moins, de volume; atrophie du bras très-avancée. En arrière, l'épaule était séparée du dos par un large ulcère qui s'étendait jusqu'au creux axillaire dans l'étendue de huit à dix pouces. En avant, on voyait une large ulcération produite par la réunion de plusieurs ulcères fistuleux, s'étendant depuis deux pouces au dessus de l'extrémité externe de la clavicule jusqu'au bord antérieur du creux de l'aisselle. Cette vaste ulcération était criblée d'une foule d'ouvertures fistuleuses par lesquelles la pression faisait sortir une quantité considérable de pus qui semblait disséminé dans cet espace fistuleux.

D'ailleurs le stylet introduit par ces ouvertures ne pouvait arriver jusqu'aux os.

De la base du moignon de l'épaule partait une large ulcération qui descendait le long du bord externe du biceps jusque près de la partie moyenne du bras.

Les mouvemens de cette articulation étaient perdus entièrement, et la moindre tentative était fort douloureuse.

Le dévoiement, la fièvre hectique, le marasme, produits et entretenus par la gravité des lésions locales; tout nous portait à croire que Boule n'avait plus que quelques jours à vivre, et que son histoire ne servirait qu'à des recherches d'anatomie pathologique.

Boule fut mis néanmoins au traitement ioduré, l'expérience nous ayant appris qu'il n'y avait plus de cas de maladie scrofuleuse qui fût absolument désespéré.

21 octobre 1829.—Frictions locales; pansemens

avec la pommade au proto-iodure de mercure; eau minérale iodurée.

Deux contre-ouvertures sont pratiquées, dans l'hiver, pour faciliter l'écoulement du pus qui macérait les tissus.

Jusqu'au mois de février la maladie n'avait éprouvé d'autre amendement qu'un peu de diminution dans la suppuration, et peut-être aussi un peu moins d'étendue des surfaces ulcérées. Celles-ci avaient, en outre, un moins mauvais aspect; mais tous ces changemens étaient loin d'être suffisans. Je pensais même qu'ils ne seraient point de longue durée, et que la maladie pourrait fort bien rétrograder par les causes les plus légères, ou même spontanément.

Dans le courant de ce mois je fis ponctionner un énorme abcès qui remplissait l'intervalle triangulaire qui se trouve à la base du col; et après cette ponction on fit des injections de solution iodurée.

Depuis cette ponction, la maladie fut modifiée de la manière la plus heureuse; la douleur locale diminua et disparut assez rapidement; la suppuration fut moins abondante; la physionomie de toutes ces ulcérations annonça leur marche prochaine vers la guérison; le dévoiement cessa; l'appétit reparut; l'état général attestait la sincérité de toutes ces améliorations locales.

Dans le courant du mois de mai l'ulcération antérieure de l'épaule fut cicatrisée ; les parois du foyer sous-claviculaire étaient adhérentes ; l'ulcère de la face postérieure de l'épaule n'était plus représenté que par une espèce de ruban d'un demi-pouce de largeur, au milieu duquel il y avait encore un fond grisâtre, mollasse et comme fongueux, qui retardait le travail de cicatrisation en résistant à l'action devenue trop faible de la pommade iodurée.

Je remédiai à cet incident en quelques jours, en le touchant de solution iodurée rubéfiante.

24 juin. — L'épaule avait presque recouvré son volume normal. L'ulcération n'était pas encore tout-à-fait cicatrisée ; le malade commençait à remuer un peu son bras ; l'émaciation générale avait été remplacée par un degré d'embonpoint très-louable, de sorte que tout permettait de présager une guérison complète.

15 août. — Le malade étant fort bien, quoiqu'il eût encore plusieurs petits ulcères fistuleux au pourtour de l'épaule, demanda très-instamment de sortir en permission.

Dans les premiers jours de septembre, l'épaule devient rouge et se gonfle de nouveau ; les fistules se rouvrent ; les parties deviennent très-douloureuses ; l'appétit se perd, et très-incessamment l'état général en est profondément affecté.

A cette récidive j'opposai un traitement local des plus énergiques; on appliqua matin et soir un cataplasme de farine de graine de lin fortement ioduré. On n'aurait pu faire de frictions iodurées, à cause de l'accuité des douleurs locales; en conséquence les cataplasmes furent chargés doublement d'iode. La douleur causant une insomnie des plus opiniâtres, les cataplasmes iodurés furent arrosés de laudanum au moment de les appliquer chauds sur l'épaule.

Pendant un mois je donnai chaque matin au malade une tasse d'eau de rhubarbe.

Au bout de quinze jours la douleur locale fut moins aiguë; on supprima le laudanum sur les cataplasmes iodurés. Les ulcères fistuleux donnèrent du pus en plus grande abondance; ils furent pansés avec des gâteaux de charpie fortement enduits de pommade au proto-iodure de mercure, et on appliqua des cataplasmes iodurés par dessus ce pansement.

L'eau minérale iodurée fut reprise après l'eau de rhubarbe, et le traitement a été ainsi continué jusqu'à la fin de l'année.

Depuis le 1er janvier il n'y a plus que deux petits trajets fistuleux sur la cicatrice de l'ulcère qui séparait postérieurement l'épaule du dos. Il y en a un troisième à la base de l'épaule; il n'y a plus aucune douleur locale; il y a ankylose presque complète de l'épaule. L'appétit, le sommeil ne laissent rien à désirer, et l'état général est satisfaisant au point que le malade cherche une occupation quelconque, parce qu'il éprouve beaucoup d'ennui de son inaction depuis qu'il n'est plus préoccupé de sa maladie.

J'ai cité ce cas de tumeur blanche de l'épaule, quoique la guérison ne soit pas encore complète, parce que j'ai pensé qu'il ne pouvait qu'être fort intéressant de connaître les effets de l'iode dans des cas aussi graves. J'ai surtout pensé que le parti que j'ai pris à l'occasion de la récidive était une de ces inspirations qu'on ne doit point passer sous silence; car il est bien certain que tout autre méthode de traitement n'eût pas arrêté la maladie, et que le traitement local énergique auquel j'ai eu recours était du moins autorisé par la nature spéciale des accidens graves qui se passaient sous mes yeux.

Dix-septième observation.

Tumeur blanche fistuleuse du genou gauche, guérie en deux mois, avec ankylose, par les préparations iodurées et l'exercice; chez un malade qui avait été alité pendant dix ans, pour une tumeur de même nature, du genou opposé.

Julien Gérard, journalier, âgé de 31 ans, de taille moyenne, d'assez bonne constitution, entra à l'hôpital Saint-Louis, le 24 avril 1830, pour une tumeur blanche du genou gauche : il y avait ankylose de l'articulation fémoro-tibiale; il semblait que la jambe fût luxée en dedans; elle était en outre un peu fléchie à angle ouvert; la cuisse présentait, au niveau de l'anneau du troisième adducteur, deux cicatrices profondes adhérentes à l'os; en dehors, depuis ce niveau jusqu'à la partie moyenne de la jambe, la peau était d'un rouge érysipélateux, criblée de huit ou dix fistules par lesquelles sortait une grande quantité de pus; le creux du jarret et toute la partie postérieure de la jambe offraient un grand nombre de cicatrices.

Gérard avait eu la même maladie au genou droit pour laquelle il avait été alité pendant dix ans. Ce genou était déformé par le gonflement du condyle interne du fémur; et comme la même altération organique avait lieu sur le genou actuellement malade, les deux genoux se touchaient presque dans la station, tandis que les pieds au contraire étaient déviés en dehors. Le membre inférieur droit était, dans sa totalité, plus court que le gauche de deux pouces environ.

Le malade portait en outre une cicatrce enfoncée, arrondie, adhérente au sternum. Elle était la suite d'un abcès qui s'était développé spontanément au devant de la base de cet os. Cet abcès avait été précédé de vives douleurs rapportées, depuis long-temps, un peu au dessous du sein gauche, et qui à la fin s'étaient fixées sur le point qui avait abcédé. Etait ce un épanchement des plèvres qui avait carié le sternum pour se faire jour au dehors? On pourrait le penser, à cause de la dypsnée très-forte à laquelle le malade était sujet auparavant, et qu'il n'éprouvait plus depuis la rupture de cet abcès.

Quoi qu'il en soit, l'abcès vidé, ses parois s'étaient détergées et l'ouverture fistuleuse s'était fermée spontanément.

Il n'en avait pas été de même des fistules situées sur l'articulation tibio-fémorose gauche; et le malade, qui avait été alité pendant dix ans, pour une tumeur de même nature du genou droit, ne voulut point courir le même risque une seconde fois; il se présenta à l'hôpital Saint-Louis, où il fut reçu le 24 avril 1830.

Trois jours plus tard le traitement spécial fut commencé : frictions iodurées, cataplasmes iodurés, eau minérale iodurée.

Pendant les premiers jours on fut obligé de suspendre les frictions, à cause des douleurs locales qui augmentèrent beaucoup d'intensité. On ne les reprit que le 10 mai suivant. Le même jour, le malade commenca à marcher, et continua à le faire pendant tout le temps que dura le traitement ioduré.

Incessamment la suppuration diminua de moitié, et dans les derniers jours du mois de mai tous les trajets fistuleux étaient complètement oblitérés ; le malade ne se plaignait plus que de la rigidité de l'articulation.

20 juin.—Les fistules étaient fermées ; le tissu cutané avait repris entièrement sa couleur, sa souplesse ordinaires.

24 août.—Gérard est sorti de l'hôpital Saint-Louis, guéri depuis deux mois ; mais la guérison n'avait eu lieu qu'avec ankylose du genou droit ; le malade se servait d'ailleurs fort bien de son membre ; l'ankylose n'était pas complète, et il est raisonnable d'espérer qu'elle le sera encore moins par la suite.

Dix-huitième observation.

Tumeur blanche du genou droit, percée de trois fistules en dedans et en dehors, avec hypertrophie, induration des parties molles de la moitié intérieure de la cuisse. Traitement ioduré de trois mois. Guérison.

Louis-Nicolas Jadot, âgé de 26 ans, charretier, de petite taille, de constitution assez forte, entra à l'hôpital Saint-Louis, salle Saint-Jean, le 24 mars 1830.

Le père, porte-faix, était d'une assez forte complexion, quoiqu'il eût habituellement *les yeux tendres*, et qu'il fût sujet à des ophthalmies par les causes les plus légères.

La mère, avec des apparences de bonne santé, avait été assez ordinairement valétudinaire.

Sur quatorze enfans, onze étaient morts en bas âge; il restait une fille de 30 ans qui se portait bien, un frère, âgé de 14 ans, d'une chétive constitution, et notre malade.

Celui-ci avait offert des signes de scrofule dès son enfance; il avait été tourmenté par des engelures et des indispositions de toute espèce, agravées encore par la misère, Jadot étant mendiant, et n'ayant que trop souvent à souffrir la faim et le froid.

A 15 ans, il travailla dans les fermes, et sa santé parut s'améliorer par les travaux de la campagne, et par une existence moins précaire que celle qu'il avait eue jusqu'alors.

A 22 ans, il éprouva des douleurs et du gonflement dans les deux genoux, après s'être couché par terre le corps mouillé de sueur. Cette première fluxion dura quatre mois.

Deux ans plus tard, elle recommença sans cause appréciable; elle céda facilement au genou gauche, et se fixa avec plus d'intensité sur le genou droit, où elle existait depuis dix-huit mois, lorsque nous interrogeâmes Jadot pour la première fois.

Le membre inférieur droit était déformé par une tumeur fusiforme, dure, occupant la moitié inférieure de la cuisse et le genou. De chaque côté de l'articulation, on voyait un trépied fistuleux; les parties molles en général étaient indurées et voisines de cet état lardacé dans lequel on les trouve à la suite des tumeurs blanches du genou; le périoste et probablement aussi le fémur, étaient hyperthropiés; mais les trajets fistuleux n'aboutissaient à aucune surface cariée. La jambe était fléchie sur la cuisse à angle très-ouvert, son extension complète ne pouvant plus avoir lieu. On voyait à la face externe de la cuisse, au dessous du grand-trochanter, plusieurs cicatrices qui avaient été long-temps fistuleuses, comme celles qui existaient encore en dedans et en dehors du genou.

Les ganglions lymphatiques de l'aine droite étaient un peu engorgés; mais d'ailleurs il n'y avait point de tubercules dans cette région, ni dans aucune autre de l'économie.

Le malade était alité depuis dix-huit mois, quand le traitement ioduré local et intérieur fut commencé conjointement avec des bains hydrosulfurés, au nombre de trois par semaine, et l'exercice du corps au promenoir de l'hôpital.

Ce traitement eut, dans ce cas, un effet salutaire des plus hâtifs; au bout de six semaines, Jadot marchait avec facilité, et, au bout de trois mois, il était guéri.

J'ai continué le traitement ioduré pendant six semaines après la guérison; mais alors je n'ai pu retenir Jadot plus long-temps; il est sorti de l'hôpital dans l'état physique et moral le plus louable.

DIX-NEUVÈME OBSERVATION.

Hydarthrose, tumeur blanche du genou gauche. Traitement ioduré de trois mois. Guérison.

François Devos, 30 ans, frotteur. Cet homme, ayant perdu ses père et mère à un an, avait eu une enfance des plus malheureuses : il avait éprouvé les traitemens les plus barbares de parens qui l'avaient retiré chez eux.

A 7 ans, il avait eu une coxalgie gauche des plus aiguës, causée par des coups et par une chute sur les reins de la hauteur de quinze à seize marches.

A 9 ans, il changea de maître; il fut berger, et très-exposé à l'humidité par la mauvaise habitude qu'il avait de s'amuser dans l'eau jusqu'à mi-jambes.

A 10 ans, sous l'influence de cette humidité, la coxalgie s'enflamma de nouveau; il se forma trois abcès au niveau du tiers moyen de la cuisse, qui restèrent fistuleux pendant trois ans.

A 15 ans, après deux ans de guérison, Devos éprouve, deux ou trois ans de suite, de temps en temps, de la douleur dans l'articulation coxo-fémorale qui le fait boiter.

A 30 ans, étant frotteur depuis neuf mois, il

ressent une douleur dans le genou gauche qui va toujours en augmentant pendant un mois.

Après plusieurs semaines de séjour à la Maison de santé, pendant lequel la douleur et la tuméfaction n'avaient fait qu'augmenter, Devos entra à l'hôpital Saint-Louis, éprouvant les symptômes suivans :

Le genou était très-volumineux, déformé par la saillie de la rotule que soulevait une certaine quantité de synovie. En appliquant une main sur un des côtés du genou, et en pressant avec l'autre main sur le côté opposé, on sentait une impression causée par le flot d'un liquide qui se déplaçait en passant sous la rotule. Celle-ci était déplacée avec la plus grande facilité. Le tiers inférieur de la cuisse était gonflé, induré; la jambe fléchie à angle presque droit sur la cuisse; outre l'hydarthrose, qui était palpable, les condyles du fémur paraissaient être hypertrophiés; le creux du jarret était rempli de matière tuberculeuse dure, indolente, non-circonscrite.

Au dessus du tiers supérieur de la cuisse, nous vîmes les traces de tous les maux que cet homme avait endurés dans son enfance : deux cicatrices, l'une en dedans, l'autre en dehors et en arrière; une troisième à la partie supérieure antérieure de la cuisse : la fesse, très-aplatie, présentait les traces de trois cautères, qui avaient été pratiqués lors de la formation des abcès fistuleux dont nous avons parlé plus haut.

Le 3 mars 1829, je fis appliquer un large emplâtre-vésicatoire sur le condyle interne où la tumeur était plus prononcée et plus douloureuse.

Les jours suivans, la douleur était apaisée, et l'hydarthrose avait sensiblement diminué.

8 mars. — Frictions avec la pommade au proto-iodure de mercure matin et soir. Après la friction du soir, on appliquait un cataplasme de farine de graine de lin additionné de solution iodurée. — Eau minérale iodurée; sirop antiscorbutique. — Limonade tartarique.

A la fin d'avril, cette tumeur blanche était guérie : le creux du jarret n'offrait plus de matière tuberculeuse; le tiers inférieur de la cuisse plus de gonflement ni d'induration; et le genou avait recouvré ses mouvemens.

Le traitement ioduré a été continué pendant tout le mois de mai. — Devos était si bien guéri, et se sentait propre au travail de peine, au point que je ne pus le retenir à l'hôpital où j'aurais voulu qu'il trouvât de l'occupation, pour le présenter à mes auditeurs, à côté de plusieurs autres malades scrofuleux qui sont employés aujourd'hui au service de la maison, après y avoir été guéris de maladies scrofuleuses des plus graves.

VINGTIÈME OBSERVATION.

Luxation spontanée ancienne ; consolidation de l'articulation coxo-fémorale gauche; formation, sur cette articulation, d'abcès et de trajets fistuleux ; traitement autiphlogistique; régime analogue; repos du lit pendant près d'un an; progrès de la maladie jusqu'au marasme. Traitement ioduré de six mois. Guérison complète.

Le 5 septembre 1830, je fus appelé par M. Barré, docteur en médecine, auprès d'un de ses malades: c'était un homme jeune, alité depuis neuf mois, émacié, ayant le teint jaune-paille, portant sur sa physionomie l'empreinte d'un découragement profond, que tous les assistans paraissaient partager.

Je trouvai quatre fistules à la partie supérieure postérieure externe de la cuisse. Ces fistules étaient profondes; je ne pus d'ailleurs en estimer la profondeur à l'aide d'un stylet ordinaire; car la vue d'un instrument faisait frémir le malade depuis qu'on lui avait proposé le débridement de ces trajets fistuleux, qu'il avait refusé absolument, quoique cette opération eût été proposée par un de nos plus habiles opérateurs.

Je me contentai donc d'explorer la profondeur

de ces trajets fistuleux, au moyen d'injections iodurées qui pénétraient profondément dans les chairs en parcourant de nombreuses sinuosités.

Ces quatre fistules donnaient une suppuration abondante, presque diaphane, légèrement consistante, mêlée, de temps en temps, de flocons blancs tuberculeux; il n'était jamais sorti d'esquille, quoique tout annonçât la carie du grand et du petit trochanter, peut-être même celle des deux bifurcations de la ligne âpre du fémur. La peau était tendue, luisante, soulevée par du tissu cellulaire induré; il y avait des douleurs locales dans le membre; la cuisse était émaciée, moitié moins volumineuse que celle du côté opposé; l'état général était comme j'ai dit plus haut.

M. C. avait eu à sept ans une luxation spontanée du fémur gauche avec abcès symptomatiques, dont il avait guéri au bout de deux ans sans aucun traitement, et sans jamais garder le repos, se mouvant sans cesse à l'aide d'une petite chaise qu'on lui avait fait faire exprès. Une fausse articulation avec raccourcissement avait été la suite de cet accident, qui n'avait pas empêché M. C. de se livrer, par la suite, à tous les exercices ordinaires de la vie; et même assez souvent au plaisir de la chasse; n'éprouvant jamais d'autres avertissemens que des douleurs dans la hanche par les temps froids et humides.

La maladie actuelle avait commencé depuis un an, le malade habitant depuis quelque temps un lieu humide sur le bord de la Marne.

Traité d'abord par des saignées locales souvent répétées, par des cataplasmes et la diète, et par le repos le plus absolu, il était survenu, après quatre mois de douleurs locales, un abcès froid qui avait abouti au niveau du grand trochanter.

La suppuration étant très-abondante, on avait abandonné la méthode anti-phlogistique. Un large vésicatoire appliqué sur l'échancrure ischiatique avait fait cesser la douleur, mais n'avait pas atteint le germe du mal ; car il survint un second foyer au dessus du précédent, deux pouces au dessous de l'épine postérieure et supérieure de l'os des îles.

Dans ce nouvel état de la maladie, un praticien non moins célèbre que le premier fut appelé, et diagnostiqua une carie de ce point de la crête iliaque. Des cataplasmes sur la hanche, du cérat sur les orifices fistuleux; régime peu substantiel; repos du lit absolu. — Ce second traitement ne fut pas plus heureux que le premier; au bout de trois mois, un troisième abcès s'ouvrit par deux points à la partie externe et postérieure de la cuisse, deux pouces au-dessous du premier; alors on proposa de larges débridemens, afin de découvrir tous ces trajets fistuleux dont l'origine était très-profonde, plus encore que ne pouvait l'indiquer le stylet ordinaire; mais le malade s'y étant refusé, il eut recours, par le conseil de M. Barré, aux préparations iodurées par lesquelles il a été guéri dans six mois.

6 *septembre* 1830. — Eau minérale iodurée; injections iodurées dans les trajets fistuleux; pansemens des ulcères avec de la pommade iodurée; deux bains iodurés par semaine.

Régime alimentaire subtantiel, tonique même; plusieurs promenades chaque jour dans l'appartement.

Ce malade ne fut pas plutôt touché d'iode qu'il alla mieux; la suppuration diminua généralement, et le produit en fut moins liquide.

Au bout de six semaines, la fistule qui avoisinait la crète iliaque était fermée. Quinze jours plus tard, des douleurs locales annoncèrent la rupture de cette première cicatrice qui laissa échapper une assez grande quantité de pus, et qui, au bout de quinze jours de cet accident, était fermée de nouveau, pour ne plus se rouvrir.

A cette époque du traitement (fin novembre), les fistules ne fournissaient qu'une suppuration très-peu abondante, quoique leur trajet ne fût guère moins profond.

Les doses du traitement ioduré furent augmentées à l'intérieur et localement. Le malade avait renoncé, depuis un mois, aux bains iodurés domestiques, parce qu'il avait toujours observé que les bains de toute espèce ne lui réussissaient point. J'en essayai de nouveau. Je l'envoyai à Tivoli, où il allait, trois fois par semaine, recevoir la douche iodurée, et se baigner après la douche.

Les douches et bains iodurés furent alternés avec des douches et des bains hydro-sulfurés gélatineux.

L'engorgement sous-cutané se dissipa; les forces revinrent; l'embonpoint reparut; la peau se colora; la physionomie avait déjà gagné beaucoup depuis long-temps; la fistule la plus ancienne se ferma, ainsi que l'ouverture supérieure du dernier abcès.

Au mois de janvier, il ne restait plus que l'ouverture inférieure de cet abcès, qui était ordinairement bouchée par de la matière tuberculeuse qui s'opposait à sa cicatrisation. Depuis la fin du deuxième mois du traitement, le malade sortait chaque jour en voiture; jusque là qu'au 1er janvier il devait aller chez des parens à sept lieues de Paris, et qu'il n'en fut empêché que par des circonstances étrangères à sa maladie.

A cette époque, la hanche se tuméfia une seconde fois, devint douloureuse, deux fistules se rouvrirent....

Le traitement ioduré fut porté à un plus haut

degré; nous y joignîmes le sirop anti-scorbutique; le malade continua à se lever chaque jour, quoique avec un peu plus de modération, pendant deux fois vingt-quatre heures. Après cette deuxième rechute, la suppuration diminua de nouveau, jusqu'à la cicatrisation complète des fistules et de leurs orifices extérieurs.

Pendant le dernier mois, je hâtai cette cicatrisation en remplaçant la pommade iodurée par celle de proto-iodure de mercure; et en touchant, de temps en temps, les ulcères fistuleux avec la solution iodurée rubéfiante. Les cicatrices devinrent plus fermes, gagnèrent le niveau de la peau; le membre acquit tous les attributs de la santé, et le 1er mars, après six mois de traitement, le malade cessa toute médication, pour s'occuper de ses affaires, auxquelles il vaquait en grande partie depuis plus de deux mois.

Qu'on me permette quelques réflexions sur la marche de cette maladie pendant le traitement.

Nous avons noté deux récidives, l'une à la fin du deuxième mois, la seconde au commencement du cinquième.

Malgré ces deux récidives, la maladie n'en a pas moins toujours marché à sa guérison, laquelle a commencé évidemment après les premiers jours du traitement iodureé.

Selon ma manière de considérer ces deux accidents, je dirai que je ne les ai pas regardés comme des récidives, mais plutôt comme des effets salutaires de la nature pour résoudre l'engorgement induré du tissu cellulaire sous-jacent, résolution qui ne pouvait avoir lieu que par un mouvement local d'inflammation et par l'expulsion de quelques fragmens de matière tuberculeuse.

Ces accidens étaient un véritable travail d'élimination. C'étaient des flocons de matière tuberculeuse, peut-être même quelques petits foyers purulens retardataires qui se vidaient avec le même appareil qui précède la sortie des esquilles des os.

Si ces accidens eussent été des *récidives*, ils eussent atteint le membre plus généralement, les quatre fistules auraient pris ensemble un mauvais aspect; tandis que, lorsqu'une d'elles paraissait se rouvrir pour laisser passer quelque corps devenu étranger, les autres fistules voisines n'en continuaient pas moins leur marche vers la guérison; ce qui n'aurait pas eu lieu, s'il y avait eu une véritable récidive.

VINGT-UNIÈME OBSERVATION.

Coxalgie droite; abcès fistuleux dans le tiers supérieur interne de la cuisse; abcès froid dans la fosse iliaque externe; fièvre marasmoïde; trois escharres au sacrum; diarrhée colliquative. Cinq mois de traitement ioduré. Guérison.

Jean-Louis Guillaud, âgé de 19 ans, d'une stature moyenne, d'une constitution que le degré de marasme où il était réduit ne pouvait nous permettre de préciser, entra dans mes salles le 18 février 1830. Il arrivait des salles de chirurgie où il était entré le 4 du même mois.

Cet homme était couché sur le dos, les cuisses fléchies sur le bassin, les jambes sur les cuisses, les talons contre les fesses. Il portait, depuis le mois de septembre 1829, un abcès froid dans le tiers supérieur interne de la cuisse qu'on avait ouvert à l'Hôtel-Dieu, et qui, depuis, était resté fistuleux; une énorme quantité de pus s'écoulait de la fistule pour peu qu'on remuât le membre malade; nous reconnûmes un autre abcès froid dans la région iliaque externe avec douleur produite par les plus légers mouvemens de l'articulation coxo-fémorale; il y avait diarrhée abondante et des selles involontaires, deux ulcérations au sacrum, et un état d'anasarque des membres inférieurs. Guillaud éprouvait une colliquation purulente et alvine qui répandait au loin des miasmes tellement fétides qu'il fallut faire usage du chlorure d'oxide de sodium pour garantir ses voisins d'une odeur infecte qui les incommodait beaucoup; le marasme était au plus haut point.

Ce jeune homme avait été sujet dès son enfance à de fortes engelures qui l'empêchaient de se servir de ses mains, et qui ne lui permettaient de marcher qu'avec la plus grande difficulté. Il avait eu de nombreux tubercules dans les régions cervicales, des ophthalmies rebelles qui commençaient par des orgelets sur le bord libre des paupières.

Depuis l'âge de 13 ans, Guillaud avait été aliéné trois fois, et toujours dans l'été. La première atteinte d'aliénation avait été la plus forte et la plus longue; elle était marquée principalement par une insomnie continue causée par un sentiment intérieur de chaleur très-forte.

Le père de Guillaud était mort à 48 ans. Sa mère était morte à 48 ans également, des suites d'érysipèles auxquels elle était très-sujette. Postérieurement à la naissance de notre malade, elle avait éprouvé des attaques d'épilepsie.

Guillaud était du nombre des malades regardés

comme incurables que je reçus à cette époque, afin de ne laisser échapper aucune occasion de faire des études anatomiques sur les maladies scrofuleuses.

Je le reçus, ainsi que Chéron, Jarry, Macaire, Vaillant, pour avoir sous mes yeux le tableau le plus sinistre des affections scrofuleuses, et pour observer tous les désordres qu'elles peuvent occasioner dans l'économie avant de produire la mort. De tous ces malades, Vaillant seul est mort. Les autres serviront à prouver tout ce que l'on peut attendre de l'iode dans les cas les plus désespérés.

Je prescrivis donc d'injecter trois fois par jour le trajet fistuleux avec la solution iodurée, de frictionner les parois de l'abcès et de panser l'ulcère fistuleux de la cuisse avec la pommade au proto-iodure de mercure. Deux pansemens par jour n'auraient pas suffi, à cause de l'abondance de la suppuration. Un mois plus tard, je ponctionnai l'abcès froid de la fosse iliaque externe au niveau, un peu en dehors du grand trochanter. Il en sortit plus d'un litre de pus. Le traitement fut le même que pour le premier foyer. — Injections iodurées; frictions; pansemens avec la pommade au proto-iodure de mercure.

10 avril. — La première fistule était tarie : la seconde, celle que j'avais faite en ponctionnant le

vaste abcès de la hanche, fut guérie à la fin du même mois. — Les voies digestives avaient alors repris leurs fonctions depuis trois ou quatre semaines; il y avait de bonnes nutritions, et les forces revenaient à vue d'œil.

18 avril. — Jusqu'alors ce traitement ioduré avait été extérieur. Il n'y avait plus qu'une fistule, qui était à peu près guérie. Je mis le malade à l'usage d'un demi-grain d'iode par jour, et quinze jours plus tard, à trois quarts de grain, que j'ai continué pendant trois mois. J'aurais craint une récidive en cessant tout à coup le traitement ioduré: c'est pourquoi j'en ai fait un intérieur, pour achever et consolider la guérison déjà si avancée par le traitement local.

10 mai. — Il y avait encore contracture incomplète des muscles fléchisseurs de la jambe; celle des fléchisseurs de la cuisse sur le bassin n'était pas tout-à-fait dissipée. Guillaud marchait en S. Les membres abdominaux étaient grêles; les genoux très-gros; le teint pâle; je me hâtai de faire lever le malade, et je lui donnai deux douches par semaine sur les genoux.

Un mois plus tard, je remplaçai les douches de vapeur par des bains sulfurés qui n'ont pas peu contribué, avec l'usage intérieur de l'iode, à fortifier les voies digestives, à réveiller l'appétit, à produire de bonnes nutritions, et à ranimer ainsi toute l'économie.

28 octobre 1830. — Ce malade était guéri depuis quatre mois passés, lorsque je le présentai à MM. Duméril et Magendie, commissaires de l'Académie des Sciences.

2 novembre. — Je le soumis également à l'observation de M. Larrey, qui, n'ayant pu se joindre officieusement à ses honorables collègues, vint quelques jours plus tard à l'hôpital Saint-Louis pour y prendre connaissance de mes expérimentations.

SUITE DE L'OBSERVATION DE GUILLAUD.

30 novembre 1830. — Guillaud ne resta que trois semaines hors de l'hôpital Saint-Louis; il y rentra pour un petit furoncle et quelque malpropreté dans le nez.

Je le reçus d'autant plus volontiers que je suis encore à peine accoutumé à croire à ce que je fais, et que les guérisons opérées par l'iode ne m'ont ramené qu'incomplètement des notions que je m'étais faites de l'incurabilité de toute maladie arrivée à un certain degré anatomique, surtout quand cette maladie est aussi générale, aussi intime, que l'est la scrofule.

Je me trompais étrangement au sujet de Guillaud : il était complètement guéri. Je ne tardai pas à m'apercevoir que le repos le fatiguait singulièrement, et qu'il avait besoin de travail. Sur l'observation que je lui en fis, il me répondit qu'il n'avait pu s'en procurer. Je lui donnai le conseil d'en trouver dans la maison, à l'exemple de bon nombre de scrofuleux guéris, qui sont aujourd'hui employés à l'hôpital Saint-Louis.

Guillaud trouva de l'ouvrage à la buanderie; et quoique cette besogne ne fût peut-être pas sans quelque inconvénient à cause de l'humidité, je lui conseillai de ne pas la refuser.

Et quel fut mon étonnement lorsqu'on m'apprit l'inconduite de Guillaud, et jusqu'aux moyens extraordinaires dont il jouissait, depuis son traitement ioduré, pour satisfaire à des penchans qu'il aurait dû réprimer au profit de sa santé! Ses fautes et le mauvais exemple qu'il avait donné ne me permirent pas de le garder plus long-temps; il sortit de l'hôpital le 8 février 1831.

Ce qui ajoute beaucoup à la valeur de cette observation, c'est qu'elle n'est pas unique; c'est qu'on peut attendre les mêmes résultats, des résultats aussi heureux dans des cas semblables, qui jusqu'à présent (peut-être même encore dans l'esprit de plusieurs de nos contemporains les plus expérimentés) étaient regardés comme au dessus des ressources de l'art. Les observations qui suivent serviront à poser les nouvelles limites que l'art a acquises par les recherches cliniques qui ont eu lieu depuis plusieurs années à l'hôpital Saint-Louis.

VINGT-DEUXIÈME OBSERVATION.

Luxation spontanée effectuée du fémur droit avec deux abcès froids fistuleux symptomatiques; sortie de quatorze esquilles du fémur par l'une de ces fistules. Guérison par un traitement ioduré de seize mois, pendant lesquels le malade a marché presque tous les jours au promenoir de l'hôpital, ou dans la salle.

Jean-Louis Mornon, pâtre, âgé de 18 ans 10 mois; né d'une mère morte jeune, et d'un père berger, maladif.

A 13 ans et demi (18 février 1823), douleur vive instantanée rapportée au genou droit, qui dura un an, au bout duquel elle se communiqua à la hanche, en une nuit, sans quitter le genou.

Incessamment abcès froid, au tiers interne supérieur de la cuisse, qui fut ouvert, et qui resta fistuleux. Lorsque j'interrogeai Mornon quelques années après, il était sorti quatorze esquilles par ce trajet fistuleux, qui avait trois issues au dehors très-près l'une de l'autre. Celle de ces esquilles qui était sortie la première avait un pouce et demi de longueur, et le calibre d'une plume à écrire.

A 16 ans 10 mois (mai 1826) second abcès dans la région du grand trochanter, un peu moins volumineux que le précédent, ayant eu la même marche; avec cette différence, qu'il n'était jamais sorti d'esquilles du trajet fistuleux qu'il avait laissé au dessous de cette éminence du fémur.

Un phénomène assez remarquable, c'est que, lorsque la douleur se continua brusquement du genou droit à la hanche du même côté, le bras gauche fut paralysé, sans douleur, pendant une quinzaine de jours, et que, par la suite, ce phénomène ne s'est plus renouvelé.

Voici l'état actuel de la maladie quand le traitement ioduré fut commencé :

Luxation spontanée effectuée du fémur droit; raccourcissement du membre de trois pouces et demi; saillie du grand trochanter en haut et en arrière; claudication par l'impossibilité d'appuyer le pied par terre, le malade ne pouvant l'appuyer que sur sa pointe, qui était portée en dehors ainsi que le genou; douleur rapportée à la hanche droite d'où elle était réfléchie dans l'aine, et de cette région au genou; deux trajets fistuleux, l'un au tiers supérieur interne de la cuisse, ayant cinq pouces de profondeur, paraissant aboutir au bord inférieur antérieur de la cavité cotyloïde, ayant trois orifices extérieurs situés très près l'un de l'autre; la seconde fistule, dont l'orifice extérieur aboutissait au dessous du grand trochanter, n'avait guère qu'un pouce de profondeur (1).

On se figure aisément quel devait être l'état général de santé d'un pauvre pâtre, scrofuleux héréditaire, à la merci des causes débilitantes, et débilité encore par la suppuration d'un abcès froid symptomatique d'une carie coxo-fémorale qui avait lieu depuis quatre ans.

4 juin 1828. — Traitement ioduré; frictions sur les parois des abcès avec de la pommade iodurée;

(1) Il est à présumer que ces deux trajets fistuleux aboutissaient à un point commun intérieur. Le stylet n'a pu me donner la preuve de cette communication, que je présumai seulement par mes études d'anatomie pathologique. Lorsque j'ai recueilli cette observation, je ne faisais point encore d'injections iodurées dans les trajets fistuleux; celles que j'ai faites par la suite comme remède m'ont souvent servi de moyen d'investigation. Par ces injections, je constate chaque jour les communications les plus éloignées, et j'acquiers toujours des données bien plus sûres sur la direction et la profondeur des trajets fistuleux.

pansemens des orifices fistuleux avec la même pommade; eau minérale iodurée; trois bains hydrosulfurés par semaine.

Après six semaines de ce traitement les fistules n'offraient guère d'amélioration; mais déjà les douleurs étaient moins vives dans l'articulation coxo-fémorale et dans le genou. Mornon se tenait mieux sur son membre malade; il boitait moins quand il marchait au promenoir.

Après deux mois la douleur, continuant à être moins forte dans la hanche droite, n'avait plus lieu au genou; les fistules donnaient moins de pus; celle au dessous du grand trochanter était bouchée de temps en temps par une petite excroissance qui crevait au bout de trois ou quatre jours.

A ce second examen, je continuai les frictions avec la pommade iodurée n° ij. Mais quant à l'eau minérale iodurée, je rétrogradai au n° j (un demi-grain par jour) à cause que le n° ij causait quatre à cinq selles dans la matinée avec des coliques; et, ce qui est digne d'être cité, c'est que les jours où elle agissait moins vivement sur le canal digestif elle était fortement diurétique.

Après quatre mois et demi, la fistule située au dessous du grand trochanter était fermée; celle à la partie interne supérieure de la cuisse donnait moins de pus; mais elle n'était pas moins profonde qu'auparavant. Debout, le malade souffrait encore de la hanche et du genou; dans le lit, il n'éprouvait de douleur qu'au genou et dans le pli de l'aine. Quand il souffrait du genou, étant couché, la douleur se dissipait ordinairement, par une chaleur locale qui survenait spontanément. Mornon m'a souvent parlé de ce phénomène.

Le 8 février 1829, après huit mois de traitement, il n'y avait plus qu'une fistule, celle du pli de l'aine, qui avait encore plus de trois pouces de profondeur. L'état général était au mieux. Suspension de traitement.

1er avril. — Reprise du traitement local et intérieur.

28 juillet 1829. — La consolidation du fémur avec la fosse iliaque fut reconnue par M. Magendie et par M. Duméril, qui exercèrent l'un après l'autre des tractions sur la cuisse (1).

Pour moi, je ne l'avais pas encore reconnue. Je ne montrais ce malade aux honorables commissaires de l'Académie des sciences, que parce qu'il était en voie de guérison très-avancée, par une méthode de traitement qui dut paraître nou-

(1) Elle le fut quelques jours plus tard par M. Serres, de l'Académie des Sciences, anatomiste célèbre, dont les travaux ont donné à l'étude organique de l'homme une impulsion nouvelle, qu'on ne peut mieux comparer qu'à celle que cette science a reçue des travaux de notre Bichat au commencement de ce siècle.

velle à ces illustres maîtres, non-seulement par l'usage local et intérieur de l'iode, mais encore par l'exercice que le malade avait fait, chaque jour, au promenoir depuis qu'il était en traitement à l'hôpital Saint-Louis.

Ce traitement a été continué jusqu'au 8 octobre suivant. Sa durée a donc été de seize mois, sauf une suspension de deux mois qui a eu lieu à peu près au milieu du traitement.

VINGT-TROISIÈME OBSERVATION.

Carie vertébrale; abcès froid lombaire; — tumeur blanche du bras droit percé de quatre fistules, par l'une desquelles étaient sorties six esquilles du cubitus; — tumeur blanche du bras gauche fistuleuse avec sortie d'une esquille du cubitus; — tumeur blanche du genou gauche, etc.; marasme au plus haut degré; six mois de traitement ioduré. Guérison.

François Chéron, âgé de 37 ans, de petite stature, annonçant, à la première vue, un homme beaucoup plus avancé en âge à cause des rides que présentait chez lui la peau du visage, était né d'un père mort à 75 ans de maladie aiguë, et d'une mère âgée de 73 ans qui a toujours joui d'un bonne santé.

Chéron avait un frère et deux sœurs. Le frère, âgé de 28 ans, les deux sœurs, âgées de 23 et de 24 ans, se portent bien. Une troisième sœur était morte à 3 ou 4 ans, de convulsions.

Quant à notre malade, il a eu la teigne dans son enfance, et a toujours éprouvé une propension forte au sommeil.

A 17 ans, invasion de la scrofule par une ophthalmie double qui rend Chéron aveugle près de six mois, et qui a disparu sans laisser de taies sur les yeux.

A 21 ans, surdité complète qui dure huit mois, au bout desquels elle disparaît spontanément et d'une manière subite; car le malade s'était couché le soir avec son infirmité, et fut réveillé le lendemain matin par le bruit qu'on faisait dans la rue.

A 31 ans, Chéron ayant joui d'une fort bonne santé depuis dix ans qu'il avait été sourd, voit le génie scrofuleux reparaître sous la forme tuberculeuse : les régions cervicales sous-maxillaires et les aisselles se remplissent promptement de tumeurs tuberculeuses du plus gros volume, qui persistent pendant treize mois, au bout desquels elles disparaissent spontanément, et auxquelles succède une oppression de poitrine qui oblige le malade à suspendre son travail.

Après cette affection thoracique, survint une hémicrânie droite des plus aiguës qui dura dix à onze mois, et qui fit tomber les cheveux. A la même époque (c'était à 33 ans) de nouveaux tubercules se montrèrent dans les espaces axillaires et sur le trajet des vaisseaux des membres supérieurs; et de plus, le malade commença à éprouver des douleurs dans les régions lombaires qui furent le signal d'invasion de la scrofule sur le système osseux.

Voici quel était l'état de ce système quatre ans plus tard, lorsque Chéron entra dans mes salles.

Tumeur vertébrale par le gonflement des deux premières vertèbres lombaires; déviation de leurs apophyses épineuses, et un vaste abcès froid que le malade comparait à un pot de tisane; sur les parois de cet abcès on voyait les traces de denx moxas qui étaient restés fistuleux depuis deux ans, et par chacun desquels il était sorti une esquille.

Hypertrophie des os de l'avant-bras droit, dont la moitié inférieure présentait une tumeur fusiforme, percée de quatre trous fistuleux, par l'un desquels étaient sorties six esquilles du cubitus. Trois fois, on avait proposé l'amputation de ce bras; le malade s'y était toujours refusé; ce n'avait même été qu'à regret qu'il avait fait deux traitemens mercuriels : l'un à l'Hôtel-Dieu, pour le préparer à cette amputation ; le second, à l'hôpital Saint-Louis, dans le même but, quoique Chéron n'eût eu de maladie vénérienne de sa vie.

Le bras gauche, moins profondément affecté que le droit, présentait néanmoins une hypertrophie de l'extrémité inférieure du cubitus et du radius, ainsi qu'un trajet fistuleux par lequel était sortie une esquille du premier de ces os. La scrofule avait envahi les deux bras ensemble six mois environ après son invasion sur la région lombaire de la colonne vertébrale.

Le genou gauche présentait une tumeur blanche qui durait depuis onze mois, et dont le volume était près du double de celui du genou droit. La jambe était fléchie à angle obtus sur la cuisse, le malade ne pouvant l'allonger ni la fléchir davantage ; il n'y avait d'ailleurs aucune altération de la peau.

Ces diverses lésions, si graves par elles-mêmes, l'étaient encore plus à raison des symptômes consécutifs : diarrhée coliquative des plus abondantes ; les selles souvent mêlées de sang et de pus ; sueurs copieuses, froides, de la moitié inférieure du tronc et des cuisses ; palpitations au moindre mouvement que faisait le malade dans son lit ;

œdématie des membres inférieurs; débilité telle que Chéron ne pouvait même aller au bassin.

Ce malade scrofuleux, réputé incurable, était entré, dans les salles de chirurgie, depuis le 30 août 1829, lorsque je le reçus, six mois plus tard, dans ma division, pour servir à l'histoire anatomique de la scrofule.

Quelque sinistre que fût cette classification, je crus de mon devoir d'appliquer le traitement ioduré. On le commença le 28 février 1830. — Frictions; pansemens avec la pommade au proto-iodure de mercure; eau minérale iodurée.

A la fin du second mois de ce traitement, la cachexie scrofuleuse rétrograda d'une manière manifeste; au bout de deux mois et demi, Chéron commença à pouvoir se lever, et, dès ce moment, je le regardai comme en voie de guérison. — Et en effet, chacune de ces maladies s'effaça à peu près dans l'ordre inverse de son apparition; de sorte que Chéron était guéri à la fin du mois d'août, après six mois de traitement ioduré.

A cette époque, les pansemens n'avaient plus lieu que pour le cubitus gauche, et furent incessamment supprimés; mais j'ai continué l'eau minérale iodurée pendant trois mois encore: septembre, octobre et novembre, afin de combattre plus efficacement la cause d'un si grand nombre de maladies, et de prévenir le retour d'aucune d'elles.

SUR L'EXERCICE DU CORPS DANS LES CAS DE TUMEURS BLANCHES DU PIED, DU GENOU, DE LA HANCHE, etc.; CONTRAIREMENT AUX CONSEILS DONNÉS PAR LES PRATICIENS DE TENIR LES MALADES AU REPOS DU LIT.

Il n'est pas nécessaire de faire remarquer cette condition de régime qui impose aux malades scrofuleux atteints de tumeurs blanches du pied, du genou, de la hanche, etc., de marcher dans la salle, ou même en plein air, pendant tout le cours du traitement ioduré. Peut-être même que cette innovation n'aura pas causé peu de surprise, tant elle est contraire à l'enseignement et à la pratique générale de la médecine.

J'oserai, néanmoins, appeler l'attention des praticiens sur ma pratique personnelle qui est générale dans mon hôpital et qui, dans aucun cas, n'a offert d'inconvéniens ni donné lieu à aucun accident. L'exercice du corps dans les maladies dont nous parlons est passé en usage à l'hôpital Saint-Louis, au point que je n'ai plus besoin d'en faire la recommandation particulière aux malades nouveaux.

Sur soixante-dix-sept malades scrofuleux que j'ai présentement (30 avril 1831) dans mes salles, il y en a trente-deux qui, traités par les méthodes trop généralement encore usitées de nos jours, seraient condamnés au repos du lit.

Sous ma direction, ces malades vont chaque jour au promenoir de l'hôpital, à peu près comme les scrofuleux tuberculeux, ou ophthalmiques; comme ceux qui sont affectés d'esthiomène, ou de tumeur blanche du poignet, etc., etc.

Les praticiens qui m'ont fait l'honneur de venir à l'hôpital St-Louis, pour y être témoins par eux-mêmes des progrès récens que l'art de guérir a faits dans cet établissement, m'ont souvent demandé comment j'avais été conduit à m'éloigner des recommandations faites par les auteurs et par ceux de nos contemporains, dont la pratique repose sur une longue et savante expérience acquise dans les hôpitaux?

Je ne répondrai point à cette question avant d'avoir fait observer que l'exercice du corps, dans l'espèce de maladie dont nous traitons, est désormais un fait général, un progrès réel qui doit être regardé comme au dessus de toute contestation.

Ceci convenu, je serai encore très-sobre de développemens, car j'ai pris pour un conseil l'éloge particulier que mon honorable rapporteur m'a adressé pour n'avoir point surchargé l'exposé de mes travaux d'explications dont le moindre inconvénient est d'être inutiles.

L'étude de la scrofule, celle du diagnostic et celle des causes, montrent que cette maladie a pour caractère général, une faiblesse originaire qui arrête le développement des organes et qui les rend sujets à un développement précoce, exagéré, que ne peut contenir la vitalité trop faible du sujet.

Une donnée aussi générale une fois inculquée dans l'esprit, il est impossible d'admettre, comme condition du traitement de ces maladies, le repos du lit continué pendant six mois, un an et plus.

Le repos, en effet, n'a-t-il pas toujours été regardé comme débilitant? N'est-il pas le cortége accoutumé de tous les traitemens anti-phlogistiques, des diètes blanches, etc.?

N'est-il pas d'expérience que la constitution organique la plus heureuse, la plus robuste, serait affaiblie, étiolée par un repos aussi long-temps prolongé?

Si donc le repos affaiblit un individu robuste, à plus forte raison celui qui est entaché de débilité originaire ne pourra-t-il y être soumis sans que cette débilité fasse des progrès.

Et ceci n'est pas seulement d'argumentation: que l'on visite les malades tenus au repos du lit depuis six mois, et à un régime débilitant: ils sont pâles, émaciés, affaiblis, découragés; la faiblesse physique est passée dans le moral des individus.

Je ne saurais comprendre que cet état d'anéantissement soit nécessaire pour ranimer la nutrition des parties malades, guérir ce qui est curable, expulser les parties auxquelles ne peut plus arriver la nutrition.

De prime abord, j'étais loin néanmoins de penser que le mouvement local serait exempt d'aucun inconvénient. Je ne faisais marcher les malades que dans l'idée que ces inconvéniens seraient plus que compensés par les avantages réels que la santé générale devrait retirer de l'exercice du corps. Je pensais que si des surfaces articulaires travaillées par la scrofule avaient quelque besoin de repos, il y aurait trop de désavantage à priver d'exercice, à retenir au lit les malades dont certaines articulations étaient affectées de cette manière spéciale.

Voilà plus de trois ans que j'ai pris ce parti. Je l'ai adapté au traitement de plus de cent malades; je déclare que je n'ai jamais été dans le cas d'en changer; que je ne l'ai modifié que très-rarement et toujours d'une manière passagère.

Au surplus, que l'on accorde quelque attention à mes observations; qu'on veuille remarquer l'esprit de tout ce que j'ai publié sur les scrofules, et l'on pensera que l'exercice du corps, que je conseille aux malades atteints de tumeurs blanches scrofuleuses, est une conséquence nécessaire de toutes les idées que j'ai acquises par mes observations cliniques sur ce genre de maladies.

L'IODE PRODUIT DES GUÉRISONS INCOMPLÈTES QUI AMÉLIORENT BEAUCOUP LA POSITION DES MALADES.

Après les succès nombreux que nous avons rapportés il n'est pas inutile de faire connaître quelques cas de guérison incomplète qui sont dignes de beaucoup d'intérêt, attendu le mieux-être dont elles font jouir les malades.

Les cas de cette espèce sont d'autant plus intéressans à étudier qu'ils offrent matière à recherches, à cause de la marche inattendue que la maladie a présentée à une certaine époque du traitement.

Un trop grand nombre de fois, en effet, nos prévisions ont été trompées par la marche même hâtive de la maladie vers une guérison que nous n'avons cependant pu rendre complète.

Il y a, dans ces cas, des raisons de diagnostic que nous n'avons pas su pénétrer, et sur lesquelles je me propose d'appeler l'attention de mes auditeurs dans une de mes plus prochaines leçons cliniques.

VINGT-QUATRIÈME OBSERVATION.

Tumeurs tuberculeuses; tubercules ulcérés dans toutes les régions cervicales; caries fistuleuses de l'os maxillaire inférieur et de l'os malaire droit; — Traitement ioduré de six mois; les tubercules et les ulcères tuberculeux guérissent; les deux fistules donnent issue chacune à une esquille du maxillaire inférieur; elles se ferment; cet os reste hypertrophié; le malade ne peut écarter les mâchoires de plus de trois lignes.

Hippolyte Quillou, âgé de 20 ans, a été mis en traitement, le 1er décembre 1829, dans l'état suivant.

L'aisselle droite était remplie par une tumeur tuberculeuse; la partie supérieure de la poitrine, les régions latérales et postérieures du col étaient couvertes d'ulcères scrofuleux, donnant une suppuration des plus abondantes, et de cicatrices rougeâtres, irrégulières, hypertrophiées, plusieurs d'entre elles couvertes de croûtes.

Le côté gauche de la face offrait une large cicatrice au dessus de laquelle existait une base d'engagement tuberculeux.

Du côté droit, le visage était déformé par une

tumeur volumineuse, dure, douloureuse au toucher, formée surtout par l'hypertrophie de la moitié postérieure du corps de la mâchoire inférieure, de la branche de cet os et d'une partie de l'os malaire; la joue de ce côté était percée de deux orifices fistuleux; l'un, situé au niveau de la troisième dent molaire, par lequel on arrivait jusqu'à l'os carié; le second, beaucoup plus récent, était situé un peu au dessous de l'articulation temporo-maxillaire dont le pourtour était douloureux et engorgé, au point que le malade ne pouvait écarter les mâchoires. Le malade souffrait beaucoup des dents, ce qui pouvait tenir à la carie de l'os maxillaire inférieur dans lequel est logé le nerf dentaire; il éprouvait une salivation des plus abondantes, dont le produit mouillait les joues et l'intérieur de la bouche, de manière que, épuisé par cette sécrétion accidentelle, il en était, en outre, fort incommodé.

1er octobre 1829. — Traitement ioduré local et intérieur.

Six mois de ce traitement ont fait suppurer et résoudre la tumeur axillaire; les ulcères tuberculeux cutanés du col ont guéri parfaitement, et leurs cicatrices ne se sont pas couvertes depuis qu'elles sont fermées.

Les deux fistules symptômatiques de la carie de l'os maxillaire se sont fermées, après avoir donné issue à une esquille chacune; depuis, elle ne se sont pas rouvertes.

Cet os est resté hypertrophié; les mâchoires ne peuvent être écartées de plus de trois lignes; un traitement supplétif de trois mois n'a pu diminuer cette hypertrophie, ni donner plus de liberté aux mouvemens des mâchoires; le malade jouit d'ailleurs de tous les attributs d'une assez bonne santé.

VINGT-CINQUIEME OBSERVATION.

Tubercules du col et de la face ulcérés; caries de l'os malaire gauche et du corps du maxillaire inférieur du même côté, chez un homme de 21 ans, rachitique depuis l'âge de 4 ans. Traitement ioduré de 5 mois; guérison des tubercules et de la carie de l'os maxillaire. On continue le traitement; on le modifie de toute manière; la carie de l'os malaire n'en a éprouvé aucune amélioration.

Wilmalkers, âgé de 21 ans, tailleur sur cristaux, avait toujours été d'une santé chancelante. A l'âge de 4 ans il avait commencé à devenir rachitique; et il était bossu par devant et par derrière lorsqu'il fut mis en traitement, le 19 mai 1829, pour plusieurs espèces de maladies scrofuleuses que je vais raconter dans l'ordre de leur apparition depuis l'âge de 10 ans.

Chaque région sublinguale offrait un ulcère tuberculeux avec altération profonde de la peau, qui était rouge, hypertrophiée, recouverte de croûtes, surtout du côté droit.

De chaque côté du col, derrière le grand angle de la mâchoire, il y avait un tubercule, ou plutôt une tumeur tuberculeuse du volume d'un gros œuf de poule (1).

Devant l'oreille gauche, sur la parotide, un ulcère tuberculeux inégal, dont le diamètre moyen était d'un pouce.

Une carie fistuleuse de l'os malaire gauche, et l'œil de ce côté souvent ophthalmique depuis cette carie voisine.

Autre fistule, depuis une quinzaine de jours, sur le corps de la mâchoire inférieure, avec altération profonde de la peau, qui était mortifiée dans l'étendue d'un pouce; altération cutanée qui se joignait en haut avec l'ulcère tuberculeux situé devant l'oreille, et en bas avec celui qui occupait la région sublinguale.

---

(1) Lorsqu'il y a tumeur d'un certain volume, le plus ordinairement ce n'est pas un tubercule, mais plutôt un agrégat tuberculeux : ce sont plusieurs tubercules qui forment une tumeur que j'appelle tuberculeuse.

Tout le côté gauche du visage, depuis l'oreille et la région malaire jusqu'à la région moyenne latérale du col, offrait un gonflement énorme qui empêchait l'écartement des mâchoires; de sorte que le malade ne pouvait avaler que des alimens liquides, et qu'il éprouvait une gêne locale inexprimable qui l'empêchait de dormir. Outre les ulcères dont nous avons parlé, la peau était profondément altérée, rouge, mortifiée, ce qui ajoutait encore au mauvais aspect que présentaient déjà quatre ulcérations aussi près l'une de l'autre, et dont une d'elles intéressait visiblement l'os de la pommette (1).

Wilmakers était petit et bossu; il avait les cheveux châtains; les lèvres et les ailes du nez, ni les paupières, n'offraient aucune de ces hyperthrophies qu'on observe chez quelques scrofuleux, et dont les auteurs ont même fait un *faciès* commun à tous, quoiqu'il ne convienne qu'à quelques-uns.

---

(1) J'ai voulu laisser cette observation telle que je l'avais d'abord rédigée. Plus tard, la scrofule cutanée, située sur le corps de la mâchoire inférieure ulcérée et fistuleuse, a donné passage à deux esquilles de cet os. Je ne doute point que cette carie n'existât au premier examen, quoique alors je ne l'aie pas notée, ni M. Arnal, mon élève interne, très-exercé à recueillir les observations, et auquel ses habitudes laborieuses me font prédire des succès dans la carrière des concours.

Chez Wilmakers la carie générale des dents attestait, avec celle de l'os malaire, avec la gibbosité de la colonne vertébrale et la poitrine en carène, une altération profonde du système osseux. Depuis long-temps, il avait la respiration courte; et ce phénomène était plus prononcé, se renouvelait plus fréquemment depuis l'hiver précédent que le malade avait eu plusieurs catarrhes pulmonaires l'un sur l'autre, avec des douleurs de poitrine et un état adynamique très-avancé.

Du côté droit du thorax, la percussion donnait un son moins retentissant, et le bruit respiratoire était aussi un peu affaibli de ce côté.

19 juillet 1829. — Après deux mois de traitement, les deux ulcères tuberculeux cervicaux étaient cicatrisés; ils avaient suppuré très-abondamment.

Le tubercule situé derrière le grand angle gauche de la mâchoire inférieure était ulcéré depuis un mois.

Toute la région gauche du visage était dégagée. Il n'y avait plus de gonflement. La peau avait un meilleur aspect.

Les mouvemens des mâchoires, et par suite ceux de la mastication, étaient recouvrés ; l'état général beaucoup meilleur.

Pendant ces deux mois, l'action locale de la pommade iodurée fut des plus vives : elle brûlait pendant deux ou trois heures; chaque jour, en se réveillant, le malade éprouvait une démangeaison des plus vives qui le portait irrésistiblement à se gratter; cette cuisson et ce prurit, occasionés par les applications iodurées, ont toujours coïncidé avec une suppuration des plus abondantes.

Sur la fistule de l'os malaire, la douleur, encore plus vive, était à peine supportable; et le matin, la figure était couverte de pus que cette fistule avait fourni.

Pendant les trois premières quinzaines, l'eau minérale iodurée, à la dose d'un demi-grain d'iode par jour, provoquait deux ou trois selles liquides; plus tard, les matières furent plus liées, quoique le nombre de selles n'eût pas diminué. L'urine était plus abondante et plus épaisse qu'avant le traitement.

23 août. — Frisson de trois quarts d'heure avec tremblement des membres, suivi de chaleur et de sueur.

Quatrième jour. — Eruption de varicelle, qui parcourut ses périodes en un septenaire, d'un jeudi au jeudi suivant; de sorte que cette fièvre éruptive dura onze jours. Après la chute des croûtes, je purgeai le malade deux fois.

Sous l'influence de cette varicelle, la cicatrice qui était devant l'oreille gauche se rouvrit et suppura de nouveau, ainsi que le tubercule qui était derrière l'angle de la mâchoire et l'oreille de ce côté.

La carie de l'os malaire, ni l'ulcère cutané contigu au corps de l'os maxillaire inférieur, n'avaient éprouvé aucune modification (1).

15 septembre. — Reprise du traitement local et de l'eau minérale iodurée.

Incessamment, deux esquilles du corps de la mâchoire inférieure sont sorties; la fistule qui leur a donné passage était fermée au bout de quinze jours, ainsi que les ulcères tuberculeux du col et de la joue gauche.

Il n'est plus resté que la carie fistuleuse de l'os malaire. Je l'ai traitée de toute manière : par des injections iodurées répétées trois fois par jour; par des pommades iodurées de tous les degrés; par l'iode rubéfiant; par l'iode caustique, sans autre succès que la sortie de plusieurs petits fragmens osseux qui n'ont pas épuisé le siége du mal, car la fistule persiste encore depuis plus d'un an que le malade est guéri de tout autre symptôme de scrofule.

Dans ce cas, j'ai insisté trop long-temps sur le

---

(1) A cette occasion, j'ai pensé qu'il pouvait y avoir carie de l'os maxillaire inférieur, que j'ai en effet touché du bout d'un stylet.

traitement ioduré. Il fallait faire plus tôt ce que j'ai fait plus tard. Les ulcères tuberculeux, ainsi que la carie de l'os maxillaire inférieur, étant guéris, le traitement devait être continué pendant un certain temps (*v. g.* pendant deux mois) pour obtenir la guérison de la fistule de l'os malaire; mais cette guérison n'arrivant point, j'aurais dû ajourner le traitement ioduré à une autre saison, ainsi que je l'ai fait trop tardivement.

Wilmakers est sorti le 12 février 1831, ayant recouvré une santé générale assez louable, mais sans avoir pu être guéri de la carie de l'os molaire coïncidente de plusieurs autres maladies scrofuleuses qui ont éprouvé l'influence la plus salutaire du traitement ioduré.

TROIS HISTOIRES PARTICULIÈRES POUR SERVIR A APPLIQUER L'IODE A CERTAINS ÉTATS DE SIPHYLIS DÉGÉNÉRÉE.

Il n'est que trop ordinaire d'abuser d'un remède nouveau dont on a retiré de grands succès contre certaines maladies. De nouvelles indications naissent, pour ainsi dire, à notre insu; nous nous livrons à nos préventions jusqu'à ce qu'enfin nous soyons réformés par nos propres abus.

Je me suis particulièrement appliqué à éviter cet écueil. Je n'ai pas plus abusé de l'iode hors de la sphère spéciale dans laquelle j'ai expérimenté ce remède, que je n'ai trop exalté son efficacité dans les maladies scrofuleuses; et comment aurais-je pu mettre des généralités à la place des faits dont j'ai donné l'histoire? Qui aurait pu y ajouter foi? qui aurait admis sur parole la guérison de maladies portées à un degré anatomique si avancé que dans plusieurs cas l'économie elle-même était en colliquation purulente et alvine?

Non-seulement je n'ai point abusé de l'iode, hors du domaine des maladies scrofuleuses; mais peut-être ai-je refusé trop souvent de l'appliquer à des maladies qui ne sont point dépourvues de toute analogie avec la scrofule.

Les trois observations que je vais raconter, me semblent cependant ouvrir une nouvelle carrière à l'efficacité de ce remède nouveau. Ces observations sont surtout intéressantes, parce que je n'ai eu recours aux préparations iodurées qu'après que plusieurs autres méthodes de traitement avaient échoué; aucune d'elles n'ayant même pu empêcher la maladie de faire les progrès les plus alarmans.

VINGT-SIXIÈME OBSERVATION.

Vaste ulcération trilobe occupant le côté gauche de la face, le côté gauche postérieur du col et du cuir chevelu, très-voisine de l'état cancéreux; traité plusieurs fois par les mercuriaux sous l'influence desquels elle continuait sa marche dévorante. Traitement ioduré de deux mois et demi. Guérison.

Le 24 mars 1829, les élèves de l'hôpital Saint-Louis m'amenèrent un malade plongé dans un découragement profond par une maladie contre laquelle l'art avait échoué, plusieurs fois, depuis quinze mois.

C'était une ulcération comme il est rare d'en rencontrer, même à l'hôpital Saint-Louis. Nous allons tâcher d'en donner une idée.

Ulcère occupant la région latérale postérieure gauche de la face, latérale gauche et postérieure du col, au centre duquel se trouvait le pavillon de l'oreille à demi rongé et décollé en grande partie.

Le fond, inégal, offrait dans toute son étendue des saillies mamelonnées; des dépressions plus ou moins profondes dont plusieurs étaient parsemées d'irrégularités et remplies d'une sanie grisâtre, fétide comme celle du cancer ulcéré.

Dans presque toute son étendue, cet ulcère était

recouvert d'un pus grisâtre, tenace, très-fétide; sur certains points il était vif et saignant, tandis que sur d'autres on remarquait des portions du tissu cellulaire gangréné.

La peau qui cernaït cet ulcère était déjà travaillée du même génie destructeur, comme si cet ulcère ne devait avoir de bornes que celles de la périphérie du corps : elle était rouge, violette, décollée dans l'étendue de plusieurs lignes. Ce limbe très-inégal était déchiré, déjeté en dedans, déjeté en dehors, ou même offrait des lambeaux flottans qui s'avançaient sur des fungosités ulcérées qu'ils recouvraïent sans contracter avec elles aucune adhérence.

Cet ulcère était trilobe, car il avait eu trois points de départ qui avaient fini par envahir tout l'espace qui les séparait à leur origine.

Le lobe antérieur occupait le côté gauche de la face depuis la fosse temporale jusqu'au lobule de l'oreille; borné en avant par un tubercule ulcéré au milieu de la joue, en arrière par le pavillon de l'oreille, dont le tragus, l'hélix et l'anthélix, ainsi que le pourtour de la conque, étaient presque entièrement détruits. Le conduit auditif externe était comme perdu dans une rainure profonde, sanieuse, fétide, qui séparait l'oreille de la joue.

Le lobe inférieur était ovalaire, et s'étendait depuis le lobule détruit et rongé jusqu'à l'angle inférieur de la mâchoire inférieure. Cette partie était moins ancienne que les deux autres; sa surface était moins inégale, beaucoup moins déprimée et recouverte d'une couche de pus grisâtre.

Le lobe postérieur, le plus considérable, s'étendait depuis la base du pavillon jusque vers la partie moyenne et postérieure du col; son étendue en longueur était au moins de quatre pouces et demi à cinq pouces. Cette partie surtout offrait un aspect repoussant; elle était saignante, labourée d'anfractuosités profondes, et entourée de décollemens étendus de la peau, qui annonçaient les progrès sinistres de la maladie.

Enfin, il y avait encore une autre ulcération arrondie au dessous du menton, allant se réunir au niveau du bord supérieur du larynx avec un tubercule nouvellement ulcéré.

Ce malade, officier de cavalerie, avait 39 ans, et depuis l'âge de 16 ans, qu'il avait eu une première maladie vénérienne, il en avait contracté un grand nombre l'une après l'autre, et depuis n'avait jamais été complètement exempt de symptômes siphylitiques.

D'autre part, ce malade, de taille moyenne, de constitution assez forte, un peu sèche et brune, n'avait point de scrofuleux dans sa famille, et était arrivé lui-même à l'âge de 16 ans sans offrir aucune maladie de cette espèce.

24 mars 1829. Traitement ioduré : — Pansement, matin et soir, avec la pommade au protoiodure de mercure. Un grain chaque jour de protoiodure de mercure en deux pilules, que le malade prenait, une le matin, une le soir. Il buvait dans la journée un pot de décoctum de racine de salsepareille.

Après deux mois et demi de ce traitement, la cicatrisation était complète, et ne s'est point rouverte depuis près de deux ans qu'elle est fermée. Le malade est venu nous voir un grand nombre de fois; nous l'avons vu il y a deux semaines environ; il porte une cicatrice très-propre, presque linéaire et sur laquelle il ne s'est jamais formé de croûtes.

VINGT-SEPTIÈME OBSERVATION.

Cas remarquable d'exostoses, de caries, de marasme, de compression cérébrale par la carie de la partie écailleuse des temporaux. Un grand nombre de traitemens mercuriels; trois traitemens par l'oxide d'or exaspèrent la maladie. Guérison par un traitement ioduré de deux mois et demi.

Le 26 décembre 1830, se présenta chez moi un jeune homme de 29 ans, arrivé au plus haut degré de marasme. Les membres n'étaient plus formés que par les os, et la peau hérissée d'exostoses; la voix était enrouée, et le malade éprouvait une toux rauque analogue à celle des lépreux; l'appétit était perdu; les voies digestives affaiblies par une diarrhée et des pituites très-abondantes; la débilité était portée au point que l'idée seule du mouvement répugnait au malade; les deux oreilles versaient par le conduit auditif externe une grande quantité de sanie roussâtre, souvent sanguinolente, très-fétide; la suppuration était abondante au point de nécessiter quatre à cinq pansemens dans les vingt-quatre heures; assez souvent des parcelles osseuses étaient mêlées avec le pus; l'apophyse mastoïde du côté droit formait un relief considérable; la peau qui recouvrait cette tumeur conique, formée par l'hypertrophie de l'apophyse était rouge, et percée, au niveau du sommet, d'un orifice fistuleux qui conduisait le stylet jusqu'à l'os dénudé; en arrière de cet ulcère fistuleux, on voyait un second orifice par lequel il était facile de faire parvenir un liquide injecté, jusque dans l'oreille externe. Du côté gauche, l'apophyse mastoïde, quoique un peu moins saillante que celle opposée, offrait néanmoins la même maladie : même suppuration par le conduit auditif externe, même trajet fistuleux, même facilité de faire passer l'injection par l'orifice extérieur de ce trajet dans le conduit auriculaire. Il y avait surdité des deux oreilles.

L'injection de ces trajets fistuleux donnait lieu à des phénomènes de compression cérébrale que l'on pouvait produire à volonté. Le premier coup de piston de chaque seringue produisait un bruit perçu par le malade, une faiblesse passagère et des éblouissemens; ce qui nous porta à penser que la carie pouvait se prolonger à la portion écailleuse du temporal d'où le contact immédiat d'un liqnide avec l'encéphale produsait des phénomènes de compression.

Les mêmes phénomènes aviient lieu dans d'autres circonstances. Le maladeétaitsujet à éprouver en marchant des vertiges instantanés, des éblouissemens qu'il cherchait à nous faire comprendre, en disant que ses yeux dansaient, et, qu'après s'être croisés deux ou trois fois, ils reprenaient leur assiette naturelle ; chaque fois que ces phénomènes avaient lieu, la chute du corps était imminente, le malade ne la prévenait qu'en s'arrêtant tout-à-coup.

Ces phénomènes très-remarquables avaient lieu surtout à l'occasion d'un grand mouvement respiratoire, en se mouchant, en toussant, en éternuant, etc., et ils étaient d'autant plus prononcés que l'oreille était plus remplie de pus.

En rapprochant ces phénomènes de ceux produits par les injections, il est facile de voir que, dans les deux cas, on doit les regarder comme des effets de compression cérébrale.

Ce malade, âgé de 29 ans, ressemblait à un vieillard au déclin de sa carrière.

Dès l'âge de 15 ans il avait abusé de ses forces, et, peu d'années après, avait commencé une série de maladies siphylitiques contractées l'une sur l'autre, et qui ne l'avaient point rendu plus modéré sous aucun rapport de régime. Des exostoses avaient déformé tout le système osseux ; des pustules avaient envahi la peau, et l'avaient couverte des ulcérations les plus hideuses....

On avait administré le mercure sans aucune mesure, et à des doses d'autant plus fortes que, par son mauvais emploi, la siphylis exaspérée paraissait toujours avoir été attaquée trop faiblement.

Après sept ou huit ans de traitemens mercuriels faits dans divers hôpitaux militaires, notre malade demanda à être dirigé sur Montpellier; il y subit trois traitemens par l'oxide d'or. L'usage de ce remède réveilla les exostoses, et, avec eux, la plus grande insomnie et une irritabilité nerveuse qui poussa plusieurs fois le malade au désespoir.

Tel était son état lorsque, soutenu par une dernière espérance que lui avait inspirée la lecture de mon premier Mémoire, il vint à Paris me demander un traitement ioduré.

Ne voyant point la scrofule dans l'histoire des antécédens ni dans le diagnostic que j'avais sous les yeux, je dois dire avec franchise que je ne comptais point sur l'iode, et que je l'ai donné plutôt par instinct et pour ne point désespérer le malade, que dans la persuasion rationelle de son efficacité.

Le malade, considéré en lui-même, n'offrait point d'indication : il était intelligent, éclairé, courageux; il avait supporté des excès qui ne sauraient être le partage des tempéramens scrofuleux.

Toutefois il y avait présomption qu'il était né d'un père siphylitique. Il avait une sœur pâle, blanche, faible, apathique, mère d'un petit enfant débile, tuberculeux mésentérique, âgé de 3 ans, offrant un arrêt de développement physique et une figure vieillotte.

Une autre sœur, que je n'ai point vue, paraît être du même tempérament, et avoir également une progéniture faible.

C'est donc sur ces indications latérales (qui, pour le dire en passant, servent souvent au diagnostic) que M. *** fut mis au traitement ioduré le lundi 27 décembre 1830. Eau minérale iodurée; injections iodurées matin et soir dans les trajets fistuleux auriculaires; frictions iodurées sur les exostoses; bains iodurés entiers. Le malade ne put supporter les frictions avec la pommade iodurée, ni avec celle au proto-iodure de mercure.

Nous étions à peine arrivés à la fin de la première quinzaine du traitement que l'appétit était revenu et que la diarrhée avait cessé. Déjà le malade entendait un peu le roulis des voitures, et commençait à s'en préserver.

Dans les premiers jours de février, il marchait à pied presque toute la journée; les membres avaient acquis plus de volume; l'appétit était des plus forts; les exostoses et les douleurs ostéocopes avaient à peu près disparu. La dose intérieure d'iode est portée à un grain par jour; le malade prend quatre bains iodurés par semaine; on continue les injections matin et soir dans les trajets fistuleux auriculaires.

A la fin de février, je trouvais le malade sensiblement amélioré d'une visite à l'autre. La suppuration des oreilles avait diminué considérablement; l'apophyse mastoïde droite était revenue presque entièrement à son volume normal; le malade entendait le bruit de sa pendule, et se donnait le plaisir d'aller entendre la musique italienne.

12 mars. — Les exostoses avaient disparu complètement; les ouvertures fistuleuses n'étaient pas tout-à-fait oblitérées; mais depuis une quinzaine de jours, la suppuration était fort peu abondante; les injections ne pénétraient plus avec la même facilité, et, certains jours, ne pénétraient même plus dans les trajets qu'elles parcouraient auparavant avec la plus grande facilité. Depuis longtemps les injections ne produisaient plus de phénomènes de compression cérébrale, et le malade n'y était plus sujet en marchant dans la rue. L'ouïe était revenue à peu de chose près; le sommeil, l'appétit, les forces ne laissaient plus rien à désirer; le malade ne pouvait se fatiguer à marcher toute la journée pour ses affaires, quoiqu'il se promenât dans les rues de Paris ayant à sa main une canne dans laquelle était contenu un fusil du poids de 9 livres, et qu'il portait des

deux mains alternativement afin de donner plus de force à ses bras.

Dans cet état M. *** est parti pour la Guadeloupe, où l'appelait son service de capitaine d'artillerie.

VINGT-HUITIÈME OBSERVATION.

Tumeurs du plus gros volume dans les régions cervicale et inguinale droites avec altération de la peau; même affection, beaucoup moins avancée, dans la région latérale gauche du col et dans l'aine correspondante; état général de marasme. Traitement ioduré de six semaines; guérison très-avancée.

Le 24 février de cette année j'ai été consulté par un malade jeune, brun, de haute stature, qui était arrivé à un état si avancé de faiblesse et d'émaciation qu'il pouvait à peine sortir de chez lui en voiture.

Depuis dix-huit mois environ, il portait une tumeur des plus volumineuses dans les régions latérale droite, postérieure du col jusque derrière le pavillon de l'oreille. La peau qui recouvrait cette tumeur était déjà profondément altérée et menacée d'un travail prochain de destruction.

Dans l'aine du même côté, existait une tumeur plus volumineuse que le poing, inégale, sillonnée transversalement par une cicatrice de la plus mauvaise nature; la peau y était plus profondément altérée que sur la tumeur cervicale; elle était même décollée sur plusieurs points au dessous desquels on sentait un peu de pus.

La même affection avait lieu à un degré beaucoup moins avancé au côté gauche du col et dans l'aine correspondante.

Cette maladie était devenue générale: plus d'appétit, plus de sommeil, plus de forces; et les secours très-nombreux que le malade avait reçus sans en obtenir aucun amendement ne lui offraient plus qu'un avenir sans ressources.

Je m'abstiendrai de citer les notabilités médicales qui ont été consultées avant moi, par les mêmes raisons qui m'en ont déjà empêché un grand nombre de fois. Les amours-propres personnels sont si susceptibles, si faciles à irriter, que je n'oserais prendre sur moi de nommer les praticiens qui ont traité sans aucun succès des maladies qui ont été guéries par l'iode.

Le diagnostic offrait beaucoup de difficultés: la constitution du malade était forte; ses père et mère, frères et sœurs, jouissaient d'une parfaite santé; il n'y avait point de tuberculeux pulmonaires dans sa famille. Lui-même, âgé de 29 ans, n'avait eu qu'une siphylis à l'âge de 18 ans, et n'en avait pas eue depuis; il n'avait été soumis à aucunes des causes qui, selon quelques auteurs, peuvent engendrer les maladies scrofuleuses.

Cette observation ressemblait beaucoup à la première de ce chapitre. Si la tumeur du col fût entrée spontanément en suppuration, elle aurait produit un ulcère aussi étendu et d'aussi mauvaise nature. De même dans l'aine. Il est même probable que, du côté gauche du corps, où la maladie existait déjà dans les mêmes régions, elle y aurait pris de l'accroissement.

Traitement iodurè : —Frictions sur les tumeurs avec quantité suffisante de pommade au proto-iodure de mercure; deux fois par jour, six gouttes de liqueur iodurée dans un demi-verre d'eau sucrée; bains hydro-sulfurés.

5 mars. — L'appétit avait reparu; le malade vint me consulter chez moi à pied, et n'y est plus revenu autrement.

15 mars. — Il essaya de faire quelques courses dans Paris, et fut très-étonné d'avoir pu rester plusieurs heures de la journée hors de chez lui.

L'état local s'était amélioré beaucoup; les tumeurs cervicales et inguinales avaient diminué de près de moitié. La maladie était évidemment atteinte par le traitement ioduré. C'est pourquoi j'augmentai la force des pommades, la dose intérieure d'iode, et je remplacai les bains hydro-sulfurés par des bains iodurés.

Au commencement d'avril, le malade avait repris toutes les habitudes de la vie ordinaire, continuant toujours le traitement ioduré.

Je ne l'ai pas revu depuis à peu près le 10 avril, et je le regrette d'autant plus qu'il m'avait promis l'histoire de sa maladie écrite par lui-même.

SECONDE PARTIE.

PRÉCIS SUR L'ART DE FORMULER LES PRÉPARATIONS IODURÉES.

L'IODE a été découvert en 1812, dans les eaux-mères des soudes de warechs, par M. Courtois, salpétrier à Paris. Il a été étudié d'abord par MM. Clément, Gay-Lussac et Davy; mais c'est à M. Gay-Lussac surtout qu'on doit de le connaître parfaitement.

Il résulte des expériences de cet illustre chimiste que l'iode est un corps simple, analogue au chlore et au soufre, et qui, dans l'ordre naturel, doit prendre place au milieu d'eux. Comme eux, en effet, il forme des acides avec l'oxygène et l'hydrogène, et il se combine avec la plupart des métaux en développant des phénomènes de caloricité ou de lumière qui forment un des caractères distinctifs des corps les plus électro-négatifs.

L'iode pur ou natif ne se trouve point dans la nature; mais il existe à l'état d'iodure de potassium dans la plupart des warechs qui croissent dans la mer, près des côtes de notre continent.

Il existe également dans l'éponge, et en plus grande quantité qu'on ne l'a pensé jusqu'ici; et ce qu'il y a de remarquable, c'est que ce corps s'y trouve, pour la plus grande partie, à l'état de combinaison intime, directe ou élémentaire avec les autres principes qui la constituent; de sorte que cette production déjà si insolite au milieu de la nature vivante, se distingue encore de toutes les autres par un ordre de composition qui lui est propre.

C'est en rapprochant la présence de l'iode dans l'éponge torréfiée, de l'emploi très-ancien de cette substance contre le goître, que M. Coindet a été conduit à ses essais thérapeutiques sur l'iode. C'est en suivant la marche inverse, ou en cherchant l'iode dans plusieurs eaux minérales renommées contre le goître, qu'on y a reconnu la présence de ce corps; de sorte que rien n'est mieux prouvé à présent que c'est à l'iode seul que ces eaux minérales et les productions marines précitées doivent leur action anti-scrofuleuse.

L'iode existe aussi dans le règne minéral. Le célèbre Vauquelin, dont les amis des sciences déploreront long-temps la perte, l'a rencontré dans une mine d'argent rapportée d'Amérique. Il y est à l'état d'iodure d'argent combiné au sulfure de plomb.

On obtient en Normandie, par l'incinération

des warechs qui y croissent en grande abondance, une soude de fort mauvaise qualité qui, avant la découverte de M. Courtois, n'était guère employée que pour la fabrication du verre. Aujourd'hui, on lessive cette soude; on retire de sa liqueur, par des cristallisations répétées, tout le carbonate alkalin et la plupart des autres sels qu'elle contient. L'eau-mère retient au contraire les hydriodates de potasse et de soude. On l'introduit dans une cornue tubulée avec du peroxide de manganèse et de l'acide sulfurique, et l'on chauffe modérément.

Les deux hydriodates sont décomposés et cèdent leurs bases à l'acide sulfurique. L'acide hydriodique mis à nu réagit à son tour sur l'oxide de manganèse; l'hydrogène du premier se combine à l'oxygène du second, et l'iode devenu libre se volatilise et passe dans le récipient. On le purifie par un lavage dans de l'eau faiblement alkalisée et par une nouvelle sublimation.

L'iode est sous forme de paillettes ou de lames micacées qui offrent l'état métallique et la couleur du carbure de fer (plombagine). Sa pesanteur spécifique, déterminée par M. Gay-Lussac, est de 4,948. Il a une odeur forte et fatiguante analogue à celle du chlore; possède une saveur très-acre, et forme sur la peau une tache brune qui se dissipe peu à peu à l'air. Enfin il corrode les intestins, et donne promptement la mort, lorsqu'il est introduit en nature et en certaine quantité dans l'estomac.

L'iode entre en fusion à 107 degrés centigrades, et bout entre le 175ᵉ et le 180ᵉ degré. Cependant il se volatilise sous l'eau bouillante, en raison du mélange de sa vapeur avec celle de l'eau, et à toute température dans l'air, ce qui oblige à le conserver dans des flacons bien bouchés. De quelque manière qu'il arrive à l'état de vapeur ou de gaz, il affecte une belle couleur violette; ce qui lui a fait donner le nom d'*iode*, de ἰωδής, violet.

Je ne suivrai pas plus loin cette histoire des caractères chimiques de ce corps devenu un des agens les plus précieux de la médecine contemporaine. C'est aux chimistes célèbres qui nous ont appris à connaître l'iode; c'est à M. Sérullas, qui doit, en partie, le rang qu'il a pris dans la science aux nombreux composés d'iode qu'il a découverts et décrits avec une si heureuse exactitude; c'est à eux qu'il appartient d'en exposer les lois de composition et les propriétés.

Je passe donc à l'exposé analytique des préparations iodurées dont il est fait mention dans les histoires particulières, et à quelques remarques sur chacune de ses préparations, pour servir à les appliquer en particulier aux diverses espèces de maladies scrofuleuses.

J'essaierai pour l'iode ce que M. le professeur

Magendie a fait, depuis plusieurs années, pour les remèdes nouveaux héroïques. Quoique ce savant collègue ait donné dans son Formulaire plusieurs des préparations d'iode que j'ai publiées dans mon premier Mémoire, je crois néanmoins utile de présenter ici le tableau général de ces préparations selon les formules les plus récentes que j'en ai données dans mes leçons cliniques à l'hôpital Saint-Louis.

Je diviserai les formules d'iode en deux chapitres. Dans le premier je m'occuperai de celles qui servent au traitement intérieur.

Le second chapitre renfermera toutes les préparations iodurées dont se compose le traitement externe, soit local, soit général.

Chaque jour, je reçois des lettres remplies d'obligeance, dans lesquelles on m'adresse des séries de questions sur l'application de l'iode aux maladies scrofuleuses. Il ne m'a pas été possible de répondre à ces lettres particulières. Si mon silence a pu indisposer quelques personnes, elles verront par cette explication que le nombre des demandes de même nature que je recevais ne me permettait plus d'y répondre autrement que par la publication de ce troisième Mémoire.

CHAPITRE PREMIER.

TRAITEMENT IODURÉ INTÉRIEUR.

Dans mon premier Mémoire, j'ai donné les raisons pour lesquelles je n'ai point fait usage de la teinture alkoholique d'iode ni du sirop d'iode, qui étaint généralement en usage avant mes recherches cliniques sur ce nouveau médicament (1).

J'ai dit que, par ces deux modes de préparation, l'iode était précipité en matière sur les parois de l'estomac, sur lesquelles il pouvait même être réparti inégalement et donner lieu à des accidens encore plus rapides et plus fâcheux;

Que, pour remédier à cette action chimique de l'iode sur les parois de l'estomac, il fallait administrer ce remède dissous dans l'eau distillée.

D'ailleurs, je n'ai pas manqué de faire observer que, si cette dissolution était, présentement, le meilleur mode de préparation pharmaceutique pour l'usage intérieur de l'iode, ce mode laissait beaucoup à désirer à cause du peu de solubilité de ce corps et de la très-grande quantité d'eau

(1) Mém. cit., pag. 45 et suiv.

distillée nécessaire pour en tenir en dissolution de très-faibles quantités.

L'usage m'a appris un autre inconvénient de l'eau minérale iodée, préparée comme je l'ai formulée dans mon premier Mémoire. Cette eau se décolore en quelques jours, surtout au contact de la lumière qui fait passer la plus grande partie de l'iode en acide hydriodique; elle perd alors une partie de son activité, et n'offre point la constance d'effets que l'on désire trouver dans des travaux de recherches.

En premier lieu, je m'étais appliqué à n'employer que la quantité d'eau distillée rigoureusement nécessaire pour avoir une dissolution, et j'avais cherché à rendre ce véhicule le plus digestible possible en lui donnant plus de sapidité par l'addition d'une certaine quantité de chlorure de sodium.

Les expériences auxquelles je me suis livré pour trouver la composition des bains iodurés (1) m'ont mis sur la voie pour trouver aussi le mode de préparation le plus sûr et qui offre le moins d'inconvéniens pour l'usage intérieur de l'iode.

Ces expériences, en me rendant plus sensible le

---

(1) *Mémoire sur l'emploi des bains iodurés dans le traitement des maladies scrofuleuses*, pag. 17 et suiv.

peu de solubilité de l'iode dans l'eau (1), m'ont détreminé à prendre encore, dans ce cas, l'iodure de potassium pour dissolvant de l'iode (2).

J'ai donc remplacé depuis long-temps la dissolution directe de l'iode dans l'eau distillée par sa solution à l'aide de l'iodure de potassium, moyen par lequel la composition de l'eau minérale iodurée offre une stabilité et une constance d'effets qu'on doit rechercher dans la composition des médicamens en général et surtout dans celle des remèdes énergiques.

Voici la composition actuelle de l'eau minérale iodurée selon trois quantités graduées avec lesquelles on peut donner l'iode à l'intérieur, à la dose progressive de demi-grain, trois quarts de grain, un grain, cinq quarts de grain par jour.

Eau minérale iodurée.

	N° 1.	N° 2.	N° 3.
℞ Iode	gr. 3/4 . . .	gr. j. . . .	gr. j 1/4.
Iodure de potassium.	gr. j 1/2 . . .	gr. ij. . .	gr. ij 1/2.
Eau distillée.	℥ viij	℥ viij. . . .	℥ viij.

Cette eau est d'une transparence parfaite, d'une belle couleur orangée et d'une longue conservation. Les enfans la boivent facilement, surtout

(1) Mém. cit., pag. 20 et suiv.
(2) *Ibid.*, pag. 34 et suiv.

légèrement sucrée; mais alors il ne faut ajouter le sucre qu'au moment de l'administrer, car du jour au lendemain, cette addition la décolore entièrement et lui ôte une partie de son activité.

Je commence le traitement iodure intérieur par demi-grain d'iode. Pour cela, je donne deux tiers de l'eau minérale iodurée n° j.

Dès la seconde quinzaine, je donne ce premier numéro en entier, c'est-à-dire trois quarts de grain par jour, en deux ou trois fois selon les individualités, ou par quelque raison prise de la position du malade.

Dans le cours de la quatrième quinzaine, ou au commencement de la cinquième, je donne un grain d'iode par jour, et le plus souvent je continue cette quantité jusqu'à la fin du traitement.

Dans quelques cas, j'ai prescrit cinq quarts de grain d'iode par jour; plus rarement, j'en ai fait prendre un grain et demi, et je n'ai point dépassé cette dernière quantité.

Pour composer l'eau minérale iodurée, on fait usage d'une solution iodurée concentrée dans les proportions suivantes :

℞	Iode	℈ j.
	Iodure de potassium	℈ ij.
	Eau distillée	℥ vij.

Cette solution iodurée contient un vingt-quatrième d'iode ; versée dans seize livres d'eau distillée, elle forme trente-deux bouteilles de huit onces d'eau minérale iodurée n° j. Il est facile de voir qu'en diminuant l'eau distillée d'un quart, on composerait l'eau minérale iodurée n° ij, et qu'avec trois cinquièmes de cette quantité d'eau distillée on aurait le numéro iij de cette eau minérale.

Cette solution iodurée, qui sert à la composition de l'eau minérale de ce nom, peut servir elle-même à donner l'iode par gouttes une, ou plusieurs fois par jour.

En ville, et surtout en province, je fais souvent usage de cette formule pour le traitement intérieur.

Je commence par six gouttes le matin à jeun, six gouttes dans l'après-midi, une heure avant de dîner, dans un demi-verre d'eau sucrée.

Chaque semaine, on augmente graduellement la dose de la liqueur de deux gouttes par jour jusqu'à trente, ou même trente-six gouttes dans les vingt-quatre heures.

Pour les enfans au dessous de sept ans, on commencera par deux gouttes deux fois par jour, que l'on augmentera graduellement jusqu'à cinq gouttes le matin, autant dans l'après-midi.

Pendant le second septenaire de la vie je n'ordonne guère plus de seize gouttes de liqueur iodurée par jour, et je pense qu'il sera prudent de ne point outrepaser cette dose.

Je ne puis indiquer plus particulièrement la graduation des doses selon les âges, cette graduation devant être faite selon les lois générales de la thérapeutique. On ne perdra point de vue que l'enfance, la jeunesse, l'âge viril ont chacun plusieurs âges, plusieurs temps de progression ascendante selon lesquels on doit modifier le traitement des espèces de maladies.

Les détails que présente l'application des remèdes ne peuvent guère être appris qu'au lit des malades. Les définir, et leur donner à l'avance une application déterminée, c'est impossible; et ces détails seraient-ils dans un livre, que le praticien qui aurait besoin de les y chercher ne les y trouverait point.

L'emploi de la liqueur iodurée par gouttes étendues d'eau ne présente point le même degré d'exactitude que celui de l'eau minérale iodurée. On doit néanmoins, dans beaucoup de cas, passer par dessus cette considération, par raison d'économie, ou parce que c'est plus commode pour quelques personnes.

L'eau minérale iodurée doit d'ailleurs être préférée, autant que le comporte la position des malades, à cause qu'elle donne plus rigoureusement, et à moins d'effort, une quantité déterminée d'iode, et qu'elle offre par cela même plus de sécurité.

Revenons sur quelques détails. Nous commençons donc le traitement intérieur iodurê par demi-grain d'iode, et nous portons graduellement la dose du remède à trois quarts de grain, un grain, cinq quarts de grain, et très-rarement à un grain et demi par jour.

A toutes les époques du traitement, et quelle que soit la dose actuelle d'iode par jour, cette dose sera donnée par moitié, ou même par tiers, à des intervalles plus ou moins éloignés.

Le plus ordinairement je la donne par moitié, le matin à jeun, et dans l'après-midi une heure avant de dîner.

Dans certains cas, c'est par tiers; deux tiers le matin à une heure d'intervalle, un tiers dans l'après-midi, comme ci-dessus.

Cette division me paraît la mieux entendue pour assurer, chaque fois, l'absorption de l'iode par la surface interne des voies digestives. De plus grandes quantités étant données à la fois, l'iode pourrait être entraîné trop vite par l'urine de la boisson, de sorte que ce remède entrant dans les voies de la circulation à une trop faible dose ne produirait plus les effets salutaires qu'on en attend.

Ce que nous disons de l'issue trop prompte de l'iode par les voies urinaires est d'autant plus à considérer que ce remède est très-diurétique. J'ai déjà signalé cette propriété; c'est pourquoi je me contenterai de la rappeler ici en ajoutant que je l'ai utilisée deux fois dans l'hydropisie ascite avec assez de bonheur pour devoir donner suite à ces premiers essais.

On peut édulcorer l'eau minérale iodurée au goût du malade. Je me sers ordinairement du sirop de tussilage, ou de celui de guimauve.

Je donne la solution iodurée par gouttes étendues dans de l'eau sucrée.

Pendant le traitement, je ne perds jamais de vue l'appétit des malades ni l'état du canal intestinal.

Très-généralement, l'iode augmente l'appétit; et si cet appétit vient à se ralentir pendant le cours du traitement (ce qui n'arrive point à un malade sur dix), on suspend le traitement intérieur pendant une ou deux semaines.

Il n'est point rare que l'iode procure plusieurs selles par jour, quelquefois même cinq ou six; mais dans ce cas il semble qu'il agisse comme un purgatif salutaire; car je suis encore à voir des accidens résultant de cet effet purgatif de l'iode, qui me rend seulement plus attentif et plus discret pour augmenter les doses de ce remède.

S'il y a constipation, ce qui est rare, surtout chez les hommes, je tiens le ventre libre par des pilules de calomel, ou même je suspends le traitement intérieur pendant quelques jours pour purger les malades une ou deux fois avec de la manne, de l'eau de Sedlitz, etc., etc.

CHAPITRE II.

TRAITEMENT IODURÉ EXTERNE, LOCAL ET GÉNÉRAL.

Le traitement ioduré externe peut être local ou général, selon qu'on applique l'iode localement sur des tubercules, des ophthalmies, etc., ou que l'on baigne le corps entier dans une solution iodurée.

Dans les deux cas, le traitement externe ne doit pas être regardé comme topique, c'est-à-dire comme ne modifiant que la sensibilité des parties qu'il touche.

Les préparations iodurées appliquées localement à la surface du corps, sur les parties malades, sous forme de frictions, pansemens, injections, cataplasmes, bains locaux, etc., ne constituent pas seulement un traitement externe, local.

Une friction iodurée n'est pas comparable à celle faite avec un liniment volatil sur une partie douloureuse.

La différence est la même, peut-être plus marquée encore, entre un cataplasme ioduré appliqué sur un abcès froid et un cataplasme émollient appliqué sur un abcès chaud.

Toutes les applications iodurées sont des topiques spéciaux qui deviennent, en second lieu, un traitement intérieur par absorption cutanée.

Le traitement interne des scrofuleux ne doit donc pas être estimé seulement par les doses d'iode introduites dans l'estomac : il faut, je pense, pour en apprécier le degré de force, avoir égard à l'absorption cutanée qui a lieu par les surfaces quelquefois très-étendues que l'on touche d'iode.

A plus forte raison, les bains entiers ne doivent pas être considérés comme n'ayant d'action que sur la peau, mais plutôt comme un genre de médication qui, loin de n'être que local, est un de ceux qui modifient le plus profondément l'économie, et par son action locale, et par l'absorption d'une très-grande quantité d'iode que je regarde comme un véritable traitement intérieur.

J'ai divisé le traitement externe ioduré en deux sections : dans la première je m'occupe du traitement externe local ; dans la seconde du traitement externe général, je veux dire des bains iodurés, nouveau moyen de médication que le premier j'ai introduit dans la thérapeutique.

§ Ier. TRAITEMENT IODURÉ EXTERNE LOCAL.

Pommade iodurée.

J'ai conservé les formules de pommades iodurées dont j'avais fait usage pour mes premières expérimentations. J'ai seulement modifié le n° j, que j'ai affaibli pour les enfans et les jeunes filles, et qui, ainsi affaibli, peut convenir à quelques personnes dont la peau est trop sensible à l'action locale du n° j ordinaire de la pommade iodurée. Voici les formules suivies jusqu'ici, conformes d'ailleurs à celles du premier Mémoire, (p. 53).

	N° j. (affaibli.)	N° ij.	N° iij.	N° iv.
℞ Iode.	gr. xij.	gr. xviij.	gr. xxj.	gr. xxiv.
Iodure de potassium.	℈ iv. . .	ʒ ij. . . .	ʒ ij ß. .	ʒ ij. ß.
Axonge récente . . .	℥ ij. . .	℥ ij. . . .	℥ ij . . .	℥ ij.

Ces pommades ont une couleur de bois d'acajou, plus faible dans le n° j affaibli. Elles perdent de leur couleur au bout d'un certain temps, surtout dans la partie supérieure qui reçoit plus immédiatement le contact de l'air. Il est probable d'après cela que cet effet est dû, en grande partie, à la volatilisation de l'iode, et il en résulte la nécessité d'avoir la pommade toujours récemment préparée.

On l'emploie en frictions sur les tumeurs tuberculeuses, sur celles des os; pour panser les ulcères tuberculeux, les ulcères cutanés, la scrofule esthiomène, ainsi que les orifices extérieurs des fistules scrofuleuses.

L'action locale de cette pommade est vive; elle l'est quelquefois beaucoup pendant deux ou trois heures.

Je l'emploie plus particulièrement pour panser les ulcères tuberculeux dont elle active beaucoup la sécrétion purulente, et dont il paraîtrait qu'elle favorise de cette manière la destruction complète.

Dans plusieurs cas néanmoins, ce n'est point par la voie de la suppuration que s'opère la résolution des tumeurs tuberculeuses. Tel est celui d'une jeune demoiselle de 15 ans, scrofuleuse depuis son enfance, qui portait une ophthalmie de plusieurs années; un coryza qui avait suivi les phases de l'ophthalmie; une tumeur tuberculeuse presque aussi grosse que deux poings au côté droit du col et qui faisait pencher la tête sur l'épaule gauche.

M. le professeur Desgenettes me fit l'honneur de m'adresser cette jeune personne au mois de juillet 1830. Je l'ai traitée jusqu'à la fin d'octobre avec un succès prononcé.

Après une suspension de quatre mois, j'ai retrouvé la maladie en voie de guérison plus avancée que je ne l'avais laissée, et depuis la reprise du traitement, la tumeur tuberculeuse a, de nouveau, beaucoup diminué; elle est à peine le cinquième de ce qu'elle était avant le traitement, et il n'y a point eu de tubercules ulcérés.

Nous avons observé le même mode de résolution sur une autre jeune demoiselle que je traitais dans le même temps d'une tumeur tuberculeuse du plus gros volume occupant tout le côté droit du cou, dépassant même la ligne antérieure moyenne de cette région, et se portant sur son côté gauche : cette tumeur a diminué de plus de deux tiers par le traitement ioduré, sans qu'aucun des tubercules dont elle est composée ait suppuré.

Aujourd'hui cette tumeur n'est plus formée, comme précédemment, de trois ou quatre tumeurs principales, mais d'un bien plus grand nombre; ce n'est plus un agrégat intime de tubercules qui se touchent par tous les points pour former trois, ou quatre tumeurs principales, qui elles-mêmes n'en auraient plus formé qu'une seule dans un temps donné; ce sont des tubercules qui ont diminué de volume, qui se sont éloignés les uns des autres en laissant entre eux des espaces plus ou moins étendus dans lesquels on fait pénétrer facilement le bout des doigts, de sorte qu'on les digite et qu'on les compte en plus grand nombre qu'on n'aurait pu le faire avant le traitement (1).

Pommade au proto-iodure de mercure.

Une autre préparation liparolée que j'emploie très-fréquemment, c'est la pommade de proto-iodure de mercure composée selon les trois proportions suivantes :

℞ Proto-iodure de mercure.	℈ ij.	℈ iij.	℈ iv.
Axonge récente	℥ ij.	℥ ij.	℥ ij.

Cette pommade est d'un jaune serin qui est la couleur propre du proto-iodure de mercure. Quelquefois elle présente une teinte verte beaucoup plus prononcée, qui est due à la présence d'une certaine quantité de protoxide de mercure. D'autres fois encore, elle est d'un jaune orangé, ou même orangée ; c'est qu'elle contient du deuto-iodure.

Ces deux altérations peuvent ne pas avoir de grands inconvéniens quand elles ne sont pas portées trop loin ; mais on ne saurait en dire autant de la substitution du deuto-iodure de mercure au proto-iodure du même métal, car alors il y a changement de nature et de médication, le deuto-

(1) Consultez mes leçons manuscrites sur la théorie des tubercules scrofuleux.

iodure de mercure étant presque aussi corrosif que le deuto-chlorure.

Il y a deux ans, j'ai formulé cette pommade pour les cas de scrofule cutanée esthiomène. J'y fus porté par l'aspect siphylitique de cette espèce de scrofule. Mais depuis cette époque, j'ai trouvé des rapports si intimes entre toutes les espèces de maladies scrofuleuses, que mes idées à cet égard se sont généralisées au point que je n'hésite plus à appliquer à toutes les espèces, une formule qui a réussi sur plusieurs cas d'une seule espèce.

D'ailleurs, ce n'est pas seulement la scrofule esthiomène qui présente un aspect siphylitique : les ulcères tuberculeux, les ulcères cutanés ; la suppuration scrofuleuse de tous les tissus est toujous empreinte, à un certain degré, du faciès siphylitique.

Et les analogies que nous indique l'étude des symptômes ne sont que trop souvent confirmées par celle des causes, car il n'est pas rare de voir des parens siphylitiques engendrer des enfans scrofuleux.

La pommade de proto-iodure de mercure a d'ailleurs un avantage sur la pommade iodurée qui n'est pas à négliger : elle cause beaucoup moins de douleur locale ; le plus ordinairement elle n'en cause point, ou presque point. On a vu cependant dans les histoires particulières (observations première, quatrième, etc.) que son effet peut être aussi vif et d'aussi longue durée que celui de la pommade iodurée.

Solution iodurée pour l'usage extérieur.

Dans mon premier Mémoire, je n'ai parlé que d'une solution iodée destinée pour l'usage extérieur; mais conduit par des observations semblables à celles que j'ai exposées plus haut pour l'eau iodée, je n'ai pas tardé à remplacer cette solution iodée par une autre iodurée beaucoup plus stable dans sa composition. Je vais en donner la formule.

	N° j.	N° ij.	N° iij.
℞ Iode	gr. ij	gr. iij	gr. iv.
Iodure de potassium	gr. iiij	gr. vj	gr. viij.
Eau distillée	℔ j	℔ j	℔ j.

Cette solution iodurée ne diffère, quant aux caractères physiques, de l'eau minérale iodurée que par une plus grande intensité d'odeur et de couleur due à la proportion plus forte du principe qui en fait la base.

Je ne me suis plus servi de pommade iodurée d'aucun degré pour les yeux depuis que je fais usage de ce collyre, que je regarde comme préférable en tout point.

On ne se contentera point de baigner les yeux

dans une œillère remplie de solution iodurée; car le premier mouvement que nous faisons, en baignant les yeux, étant de fermer les paupières, ce collyre n'arriverait que très-imparfaitement sur les yeux; c'est pourquoi, en outre des bains locaux, on fera des injections derrière les paupières au moyen d'une petite seringue.

Ce même instrument me sert à donner des douches dans le grand angle des yeux et à réveiller ainsi dans les voies lacrymales un degré de tonicité qui prévient leur engagement très-commun chez les sujets scrofuleux.

Dans les cas de coryza, ou d'ozène, la solution iodurée sera introduite, plusieurs fois par jour, dans les fosses nasales. Les premières lotions font tomber les croûtes; les suivantes touchent la maladie et la modifient très-heureusement. Pour prendre ces bains locaux il y a deux moyens: 1° celui de baigner le nez dans un vase rempli de solution iodurée et d'en renifler, à plusieurs reprises pendant dix à douze minutes. 2° On est obligé d'avoir recours, dans certains cas, à des injections dans les fosses nasales; on les dirigera avec ménagement pour ne point faire arriver une trop grande quantité de solution à la fois dans l'arrière-bouche.

Les mêmes injections doivent être faites dans les trajets fistuleux: ce genre de médication est précieux parce qu'il porte le remède sur les surfaces malades; c'est, en outre, un moyen d'investigation plus certain que le cathétérisme pour connaître le degré de profondeur, le nombre des sinuosités d'un trajet fistuleux.

Je vais rendre plus frappante l'utilité de ces injections par un exemple.

Le 25 novembre 1830, mon honorable ami le docteur Chervin conduisit à ma consultation une dame et son fils qui est scrofuleux depuis plus de dix ans, et qui n'a encore atteint que sa quinzième année.

Nous trouvâmes une luxation spontanée effectuée avec raccourcissement du membre et consolidation de la tête du fémur sur l'os des îles. Le membre était très-atrophié.

Il y avait trois fistules dans l'aine gauche. On en voyait une quatrième au milieu de l'espace entre l'épine supérieure postérieure de l'os des îles et la vertèbre lombaire correspondante; une autre fistule en avant de la tubérosité de l'ischion.

Chacune de ces fistules ayant été sondée, nous arrivâmes à un pouce et demi de profondeur, guère plus, guère moins.

Cette investigation, aussi minutieusement que nous ayions pu la faire, était loin de nous donner la trace de ces trajets fistuleux qui nous fut indiquée clairement par des injections iodurées; car ces injections, faites par un des orifices fistuleux de l'aine droite, sortirent par la fistule lombaire et par celle de l'ischion, et ces divers trajets pouvaient être parcourus en sens inverse. On conçoit aisément tout ce que cette exactitude du diagnostic ajoutait de gravité au prognostic.

Chez ce malade, le traitement ioduré a eu d'abord un effet des plus favorables qui s'était ralenti pendant les mois de janvier et février.

Dans le mois de mars, j'ai fait pratiquer les injections deux fois par jour avec une solution plus fortement chargée d'iode. Au commencement d'avril, j'ai repris les bains iodurés que j'avais remplacés par des bains hydro-sulfurés pour des raisons étrangères à la maladie.

30 avril.— La fistule lombaire est déjà fermée; celle de l'ischion, celles de l'aine offrent un meilleur aspect qui ne saurait être trompeur; l'état du membre, ainsi que l'état général, annoncent d'ailleurs que la maladie est en voie manifeste de guérison, et j'oserais prédire que cette guérison aura lieu effectivement à la fin du mois de juillet prochain.

Solution iodurée rubéfiante.

Voici la formule d'une préparation pharmaceutique de même nature que la précédente, mais qui est beaucoup plus concentrée, pour servir à des usages particuliers.

℞	Iode.	ʒ iv.
	Iodure de potassium.	℥ j.
	Eau distillée.	℥ vj.

F. S. L. une solution qu'il convient de renfermer dans un flacon bouché en verre, le liége étant promptement corrodé par cette liqueur.

J'en ai d'abord fait usage pour exciter favorablement les ulcères scrofuleux de toute nature, tuberculeux, cutanés, esthiomènes, celluleux, ainsi que l'orifice extérieur des trajets fistuleux produits par la carie.

Quelquefois même elle a remplacé le pansement ioduré ordinaire.

Cette préparation m'a servi un grand nombre de fois pour toucher les paupières et les angles des yeux dans les cas d'ophthalmie chronique oculaire, ou palpébrale. On trempe un petit plumasseau de charpie fine dans cette liqueur que l'on étend sur les paupières, sur les angles des yeux, et même au pourtour du globe occulaire.

Il m'a fallu toucher de la sorte, deux ou trois fois par semaine, les yeux d'un malade qui était ophthalmique depuis plusieurs années, chez lequel les ophthalmies commençaient par de petits tubercules (orgelets) développés sur le bord libre des paupières, et qui, le plus souvent, étaient plus volumineux que des grains d'orge. L'état inflammatoire de la conjonctive, réveillé par le retour de ces petits tubercules, n'ayant jamais offert un très-haut degré d'intensité, je le regardais moins comme une ophthalmie que comme la conséquence de la génération de ces corps étrangers sur les bords libres des paupières.

On a vu plus haut que la même solution iodurée qui servait de collyre n'était pas employée avec moins d'avantages pour lotionner les fosses nasales; il est donc bien simple de penser que, dans les cas où les bains locaux de solution iodurée que l'on fait arriver jusque sur la surface pituitaire, comme nous avons dit plus haut, ne guérissent point le coryza, on doit donner plus d'activité au traitement en continuant ces lotions auxquelles on associe l'usage local de la solution iodurée rubéfiant, répété deux ou trois fois par semaine.

Pour cet usage on porte la solution dans les fosses nasales au moyen d'un petit plumeau de charpie; le même qui sert à badigeonner les paupières et le pourtour des yeux.

Dans beaucoup de cas, je continue de toucher aussi les surfaces scrofuleuses après qu'elles sont guéries; je le fais surtout pour rendre les cicatrices plus lisses, moins proéminentes, moins livides; en un mot, pour leur faire perdre cet aspect particulièrement hideux qui leur est propre et qui stigmatisait indélébilement les malades que d'heureuses circonstances fortuites avaient pu soustraire aux effets destructeurs de cette cruelle maladie.

La solution iodurée rubéfiante peut servir à deux autres modes d'administration de l'iode, que je recommande aux praticiens : je veux parler des bains locaux et des cataplasmes iodurés, deux puissantes médications.

Bains locaux iodurés.

On prépare des bains de pied, de main, de menton, etc., en ajoutant une certaine quantité de solution iodurée rubéfiante dans la quantité nécessaire d'eau chaude pour ces bains locaux.

La solution que j'ai formulée plus haut pour collyres et injections pourrait fort bien servir pour un bain local plus étendu ; mais on comprend que, lorsqu'il s'agit de baigner les mains ou les bras, les pieds ou les jambes, la préparation de ces bains locaux doit être faite d'après un procédé plus commode, surtout dans un service d'hôpital.

C'est pourquoi, au lieu de formuler un manuluve ou un brachiluve, en ajoutant deux ou trois grains d'iode et deux fois autant d'iodure de potassium par livre d'eau chaude; je me contente de faire ajouter une certaine quantité de solution iodurée rubéfiante dans l'eau du bain local, de manière à la jaunir un peu fortement.

On trouve avec facilité cette couleur jaune qui donne la quantité nécessaire d'iode, et les essais que l'on fait pour cela n'offrent aucun inconvénient; car, le plus ordinairement, on ajoute d'abord plus que moins de solution iodurée, et l'excitation trop vive que cause le bain local, loin d'avoir des effets fâcheux, est peut-être une surexcitation favorable.

A l'hôpital Saint-Louis, on prépare les bains locaux dans de petites cuves de bois : en ville, on ne doit pas oublier d'en faire la recommandation aux malades, pour éviter les altérations que l'iode pourrait éprouver du contact des corps métalliques.

VINGT-NEUVIÈME OBSERVATION.

Le jeune Marigny, âgé de 14 ans, avait déjà subi l'amputation du doigt annulaire droit, lorsqu'il entra à l'hôpital Saint-Louis, pour des caries assez nombreuses. Le doigt annulaire gauche offrait une carie de ses deux premières phalanges, avec des trajets fistuleux et une altération profonde de la peau. La même affection avait lieu sur le dos de la main gauche où il y avait quatre fistules aboutissant aux os métacarpiens qui, pour la plupart, étaient hypertrophiés, et même atteints de carie en plusieurs points auxquels on arrivait par les trajets fistuleux.

Un pouce au dessus de l'apophyse styloïde du radius on voyait un ulcère d'un pouce environ, qui avait beaucoup suppuré, et qui commençait à se couvrir de croûtes.

Après trois mois de traitement ioduré, le doigt annulaire et le dos de la main étaient en voie de guérison très-avancée dans les parties osseuses aussi bien que dans les parties molles; de même pour l'ulcère qui avait son siége au niveau du tiers inférieur du radius.

Une ophthalmie de l'œil gauche, oculaire et palpébrale, qui existait avant le traitement, avait guéri de même; et, par parenthèse, Marigny avait eu, pendant le cours du traitement, un coryza dont il s'était guéri lui-même en lotionnant l'intérieur des fosses nasales avec la solution iodurée qui lui servait de collyre.

Peu de temps après, toutes les autres parties conservant le bénéfice du traitement ioduré, l'ulcère du bras se rouvrit, prit de l'accroissement et le plus mauvais aspect. Les pommades, les solutions iodurées rubéfiantes, ou même l'iode caustique n'avaient aucune action sur cet ulcère. On eût dit qu'il n'était point scrofuleux.

Après deux mois de traitement local infructueux, j'en imaginai un nouveau: j'ordonnai un bain local ioduré. Ce brachiluve fut renouvelé par la suite, une fois par jour et quelquefois deux; au bout de deux semaines, l'aspect de cet ulcère changea, et la cicatrisation arriva dans deux mois.

Depuis cette époque, je fais usage des bains locaux iodurés toutes les fois que la position anatomique des parties le permet. Je conseille des pédiluves, des tibiluves, des manuluves, des brachiluves iodurés, qui font suite aux bains locaux de même nature que je prescrivais auparavant sous forme de collyre ou d'injections.

On voit que, depuis mon premier Mémoire sur l'emploi de l'iode dans les maladies scrofuleuses, j'ai beaucoup étendu le traitement local de ces maladies; traitement qui, comme je l'ai dit dans ce même travail, est très-important dans le genre nosologique qui nous occupe.

Cataplasmes iodurés.

Il nous reste à parler d'un dernier mode d'application de la liqueur iodurée rubéfiante, de son mélange avec des cataplasmes de farine de graine de lin.

Pour faire ce mélange, on prépare le cataplasme dans un vase de terre vernie; après l'avoir retiré du feu et lorsqu'il est suffisamment refroidi, on ajoute la quantité de liqueur iodurée dont on veut charger le cataplasme; on mesure cette quantité dans une cuillère de bois qui sert également à opérer le mélange.

J'emploie ce mode d'application dans quelques cas de tumeurs tuberculeuses très-dures qui toujours sont très-rebelles au traitement. Je n'applique le cataplasme chargé d'iode qu'après la friction sur la tumeur, ou après le pansement ioduré, s'il y a des ulcères tuberculeux.

J'emploie la même médication pour hâter la chute des croûtes qui se forment sur les surfaces d'esthiomène, soit spontanément, soit après des applications iodurées rubéfiantes ou même caustiques. En provoquant la chute des croûtes sans déchirer les tissus sous-jacens, ces cataplasmes rendent le traitement plus hâtif, les surfaces pouvant être touchées plus souvent et plus immédiatement d'iode.

Constamment je fais ponctionner ces kystes spacieux qu'on nomme *abcès froids;* et après qu'ils sont vidés de pus tuberculeux, je les fais remplir de solution iodurée, deux ou trois fois à chaque pansement. Après ces injections qui ne sont point sans analogues, on frictionne les parois cutanées du kyste avec de la pommade iodurée ou celle de proto-iodure de mercure, et, après cette friction, on applique un cataplasme ioduré aussi chaud que le malade peut le supporter.

La chaleur que porte le cataplasme divise davantage l'iode, rend son absorption plus générale, plus uniforme, plus intime et partant plus salutaire. C'est ainsi que Guillaud, Chéron, Ducret, etc., ont été pansés.

C'est ainsi que se fait le plus ordinairement le pansement des tumeurs blanches du coude et du genou, du carpe et du tarse.

Iode caustique.

La dissolution la plus concentrée d'iode que l'on puisse formuler se compose d'une partie d'eau, d'une partie d'iodure de potassium et d'une partie et demie d'iode.

Cette dissolution contient en tout dix-huit gros d'iode, sur vingt-huit gros de liquide. C'est presque de l'iode liquide.

Lorsqu'on étend cette liqueur d'eau, la solubilité de l'iode diminue si rapidement que l'iodure étendu dans deux fois son poids d'eau ne dissout plus que partie égale d'iode, et que lorsqu'il est étendu dans quatre parties d'eau, il n'en dissout plus que les trois quarts de son poids.

Après la dissolution purement chimique indiquée plus haut, la liqueur la plus concentrée que l'on puisse employer doit donc être composée dans les proportions suivantes :

℞ Iode. . . . . ℥ j.
Iodure de potassium. . . . . ℥ j.
Eau distillée. ℥ ij.

Cette formule très-simple est la dissolution d'iode la plus concentrée que j'aie employée jusqu'à présent. Je l'ai désignée sous le nom d'*iode caustique* à cause qu'elle forme de petites escharres sur les parties qu'elle touche ; escharres qui, pour le dire en passant, ne sont qu'un corps mixte résultant de la combinaison chimique de l'iode avec la peau. Les escharres produites par le nitrate d'argent fondu, par le nitrate acide de mercure, sont de même nature, et n'ont aucune analogie avec les escharres gangréneuses qui se détachent de nos tissus pendant le cours de plusieurs maladies de mauvais caractère.

Cet *iode caustique* ne diffère de la solution iodurée rubéfiante que par plus de force. Je l'emploie quand la première n'a plus d'effet local, ou lorsqu'elle n'a qu'un effet insuffisant.

Dans beaucoup de cas, cette médication est plus efficace que celle par des frictions iodurées ; dans presque tous, on l'associe très-heureusement avec ces frictions, pour donner plus d'activité à la marche de la guérison.

Je m'en suis servi plusieurs fois pour toucher les paupières, les fosses nasales de quelques scrofuleux. A ne parler que de ceux dont l'histoire est rapportée dans ce Mémoire, j'en ai fait usage pour Cretenet (observation sixième), pour Asselot pour Vegeais, dont l'observation est indiquée sommairement après celle de Cretenet.

J'emploie le même moyen pour châtier la peau rouge, hypertrophiée, iodurée, imprégnée de pus qui borde certains ulcères cutanés, ou tuberculeux et plus souvent des ulcères qui sont à la fois tuberculeux et cutanés.

Cette médication locale ranime les chairs molles et fongueuses avec un rapidité qu'on imaginerait difficilement, mais que nous avons observée, à son plus haut degré sans doute, sur Jarry et sur Macaire qui guérissaient pour ainsi dire à vue d'œil, jusque là qu'il a fallu ralentir le traitement local; les ulcères se fermaient avant que l'économie animale fût suffisamment restaurée par le traitement intérieur pour s'assimiler tant de matériaux qui s'échappaient auparavant de ces vastes scrofules ulcérées que nous n'avons décrites que très-imparfaitement.

Dans la scrofule esthiomène, on ne fait usage que pendant fort peu de temps de l'iode rubéfiant; c'est avec l'iode caustique qu'il faut toucher les pustules. Cette excitation peut avoir lieu deux ou trois fois par semaine; quelquefois même chaque jour, quand la surface malade est trop étendue et qu'on n'en touche qu'une partie à la fois.

C'est par ce moyen que j'ai achevé la guérison de Michel (observation dixième). Ce malade avait, en outre, un tubercule gros comme une noix et fort dur, contigu au grand angle de la mâchoire inférieure; je l'ai touché avec persévérance, toutes les autres conditions du traitement étant remplies, et il a disparu complètement.

Telles sont les formules dont se compose le traitement externe local ioduré. Elles sont nombreuses sans doute, mais il n'en est aucune qui n'ait des usages spéciaux, et il en est une qui sert à appliquer l'iode de trois manières différentes : c'est la liqueur iodurée rubéfiante.

Les deux solutions iodurées rubéfiante et caustique que je viens de faire connaître auront, par la suite, des applications encore plus nombreuses. Déjà même je ne fais plus de frictions sur l'esthiomène avec la pommade iodurée. Je touche seulement cette espèce de scrofule avec de l'iode plus ou moins concentré, et la guérison n'en paraît que plus rapide.

Notre confrère, l'honorable M. Thouvenel, député de la Meurthe, m'a fait l'honneur de m'adresser un de ses compatriotes. C'est un jeune homme de 12 ans, qui porte sur la joue gauche une scrofule esthiomène plus étendue que six francs : sur une surface rouge, indurée, on remarquait trois groupes de pustules ulcérées; l'un, le plus nombreux, sur la région moyenne de l'os malaire; l'autre au niveau de l'angle antérieur inférieur de cet os; le troisième au niveau des dents œillères. Toute la maladie était recouverte d'une croûte commune, verdâtre, d'épaisseur inégale selon les points de la maladie auxquels elle correspondait.

Depuis six semaines que cet enfant est au traitement, je n'ai fait que toucher la maladie avec au petit plumeau trempé dans la solution iodurée rubéfiante.

Avant le traitement il se formait des croûtes verdâtres qui avaient plus d'une ligne d'épaisseur; aujourd'hui on ne voit plus que des croûtes squammeuses qui deviennent chaque jour plus minces; les ulcères sous-jacens sont moins profonds, moins mous. La surface générale de la maladie est déjà rétrécie de près de deux tiers.

Pour toucher cette scrofule esthiomène, je détache avec soin les croûtes squammeuses au moyen d'une petite spatule. De temps en temps j'ai recours à un cataplasme ioduré, pour que la chute de ces croûtes soit complète. Les petits ulcères étant ainsi mis à nu, je les touche avec la solution iodurée rubéfiante. Ces applications sont encore douloureuses, quoique la guérison soit déjà assez avancée (1er mai 1831). C'est la première fois que les effets locaux de la solution rubéfiante ont lieu aussi long-temps au même degré.

Quelque soin que j'aie mis à faire connaître les préparations magistrales qui ont servi à mes expérimentations thérapeutiques sur l'iode, ainsi que le mode d'application de chacune de ces préparations aux espèces de maladies scrofuleuses, je suis loin d'avoir transmis tous les détails tels qu'ils naissent des occasions individuelles que présente le diagnostic appliqué à un grand nombre de malades.

C'est surtout l'étude préalable et approfondie du diagnostic qui inspire les modifications par lesquelles on rend le traitement plus salutaire et même plus promptement salutaire.

Cette étude ne sert pas moins à dominer le sujet, à voir la même maladie sous une foule de formes et quel que soit son siége; et, par suite, à généraliser le remède, avec des modifications relatives aux variations de forme et de siége de la maladie.

C'est de ce point de vue de généralisation du diagnostic que je prédis des succès à ceux qui appliqueront l'iode après moi dans les maladies scrofuleuses. Le remède contre ces maladies est trouvé. Les cas réfractaires le sont peut-être moins par le degré du mal que par l'insuffisance du mode d'application du remède.

Je terminerai ce que j'ai à dire des applications extérieures de l'iode par une observation qui me paraît très-propre à faire connaître les rapports qui existent entre ce corps simple et le germe de la scrofule.

J'ai fait remarquer dans mon premier Mémoire que l'action locale de l'iode, très-vive pendant le cours du traitement, diminuait à mesure que la guérison avait lieu, et qu'elle cessait même après la guérison.

J'ai répété cette observation un assez grand nombre de fois pour pouvoir la présenter d'une manière générale : je vais cependant la rendre encore plus sensible par l'exemple suivant :

Mon honorable ami M. Lisfranc m'a fait appeler auprès d'une demoiselle de 22 ans, affectée de maladies scrofuleuses depuis son enfance : à la suite d'ophthalmies opiniâtres, fréquemment répétées, d'engelures rebelles, les deux côtés du col avaient été envahis par deux tumeurs tuberculeuses plus grosses qu'une orange; il y avait, en outre, un ulcère tuberculeux de bien mauvais aspect sur la joue droite devant l'oreille; je passe sous silence l'état général de la malade, qui a gagné beaucoup depuis le traitement ioduré. J'ai d'ailleurs d'autres raisons pour ne pas développer davantage le diagnostic, ce que j'en ai dit étant suffisant au détail particulier de traitement que je désire faire connaître.

Le traitement fut commencé le 5 mai 1830 : on ne le continua que deux mois. L'action locale de l'iode était très-vive; elle durait deux ou trois heures; à la fin du second mois, elle avait diminué.

J'ai repris le traitement le 10 janvier 1831. Le côté droit du col et la joue du même côté sont guéris depuis deux mois. Le côté gauche est en voie de guérison très-avancée.

Indépendamment des frictions avec de la pommade iodurée, j'ai touché une ou deux fois par semaine, les tumeurs tuberculeuses avec de la solution iodurée concentrée, qui avait des effets locaux très-vifs.

Je l'ai graduée trois fois, et aujourd'hui je me sers d'iode caustique. Cette préparation excite une cuisson des plus vives au côté gauche du col qui n'est pas encore guéri. Sur le côté droit, qui est guéri depuis deux mois, elle n'occasione aucun effet (30 avril 1831).

§ II. TRAITEMENT IODURÉ EXTERNE GÉNÉRAL.

Bains iodurés.

Ce que nous avons dit au commencement de ce chapitre, savoir que le traitement iodurė externe n'est pas seulement topique, doit s'entendre, à plus forte raison, des bains iodurés.

Ces bains agissent, il est vrai, d'abord sur la peau; mais leur action n'est pas plus locale sur cet organe que celle de l'eau minérale iodurée ne l'est sur le canal digestif. L'absorption qui a lieu sur cette surface muqueuse ne porte point le remède à des profondeurs plus éloignées que celle qui se fait par la peau. Dans les deux cas, l'iode circule dans l'économie et touche aux surfaces les plus délicates des organes; il entre dans les mouvemens organiques d'assimilation et d'excrétion; il fait parti intégrante des matériaux de la nutrition; c'est un élément salutaire que la circulation porte à tous les organes, et qui rencontre ses affinités comme les élémens de la bile trouvent les leurs dans le foie, ceux du cerveau dans les reins, ceux des larmes dans les yeux, etc., etc.

Les physiologistes de tous les temps ont attribué deux ordres de fonctions à la peau. Ils ont regardé l'enveloppe tégumentaire du corps comme un organe d'excrétion et d'absorption, comme une voie qui donne passage à certains produits excrémentitiels, et par laquelle arrivent un grand nombre d'excitans. Les bains en général, mais surtout les bains médicinaux doivent mettre en jeu ces deux ordres de fonctions : ils ne raniment pas seulement les excrétions cutanées, mais encore ils font pénétrer dans l'économie de hautes doses de remèdes héroïques qu'il serait dangereux d'y introduire par les voies digestives.

Un grand nombre de fois, les bains mercuriels ont guéri des maladies siphylitiques rebelles à plusieurs traitemens antérieurs : c'est que, par l'absorption cutanée, on a fait arriver dans la circulation générale des doses de mercure qu'on n'aurait osé se permettre d'ingérer dans l'estomac.

De même pour l'iode : son usage intérieur, sous forme de boisson, a des limites que la prudence ne permet point de dépasser, et les bains iodurés doivent être regardés comme un moyen d'y suppléer par de plus fortes doses qui pénètrent sans danger dans l'organisme par la voie de l'absorption cutanée.

Cette voie n'offre pas uniquement l'avantage de faciliter l'introduction d'une plus grande quantité d'iode dans l'homme; elle présente surtout celui de faire absorber cette quantité plus forte par une surface très-étendue, et de l'introduire immédiatement dans les routes les plus profondes de la circulation.

La composition des bains iodurés est née de mes propres travaux sur l'iode : je l'ai trouvée au milieu d'une foule d'écueils que j'ai tous évités après les avoir signalés (1). De prime abord, j'ai composé ces bains d'après des théories chimiques si certaines, que deux chimistes célèbres, M. Gay-Lussac et M. Chevreul, les ont admis somme un nouvel agent thérapeutique dont la composition est connue, désormais, à l'égal de celle des bains hydro-sulfurés.

Et c'est peut-être l'occasion de faire remarquer que j'ai formulé moi-même toutes les préparations iodurées qui ont servi à mes expérimentations, et que ces formules nouvelles n'ont pas peu contribué à faire revenir les praticiens des préventions fortes qu'ils avaient acquises contre l'iode à cause des accidens produits par d'autres préparations qui ne sont plus guère en usage aujourd'hui.

La composition des bains iodurés a été déduite d'une série d'expérimentations (2) auxquelles je renvoie le lecteur, et dont les résultats pratiques

---

(1) Mém. cit., pag. 5 et suiv.

(2) Mém. cit., pag. 17 et suiv.

peuvent être abrégés dans les termes suivans :

1° L'iodure de potassium n'a qu'une action à peu près nulle à la dose de trois onces par bain.

2° L'iode peut être regardé comme le principe actif des bains iodurés.

3° La dose de l'iode doit être généralement depuis deux gros jusqu'à trois gros par bain et rarement au dessus.

4° L'iode pur ne se dissout point complètement dans un bain, et dès lors, son action n'étant plus égale, pourrait donner lieu à des accidens locaux et manquer son effet général sur l'économie.

5° L'iode dissous préalablement dans l'alkohol, et étendu ensuite dans le bain, n'y reste point à l'état de dissolution et produit, en outre, des phénomènes d'olfaction qui peuvent aller jusqu'à une sorte d'*ivresse iodique* et jusqu'à une congestion cérébrale assez prononcée et durable.

6° Le mode de préparation le plus sûr de l'iode pour être administré en bain est de le dissoudre préalablement dans l'iodure de potassium.

6° La solubilité de l'iode diminuant en raison de la quantité d'eau, la solution pour un bain ioduré doit être composée, dans la proportion en poids, de demi-partie d'iode sur une partie d'iodure de potassium.

C'est d'après ces données que j'ai formulé des solutions iodurées de plusieurs degrés de force pour servir à l'administration des bains iodurés, graduée selon les âges, selon les individus et selon les diverses époques du traitement.

Bains iodurés pour les enfans.

	N° j.	N° ij.	N° iij.	N° iv.
℞ Iode	℈ ij. . .	℈ ij ß. . .	℈ .iij.. .	℈ iv.
Iodure de potassium.	℈ iv. . .	℈ v. . . .	℈ vj. . .	℈ viij.
Eau distillée	℥ vj. . .	℥ vj. . . .	℥ vj. . .	℥ vj.

Bains iodurés pour les adultes.

	N° j.	N° ij.	N° iij.	N° iv.
℞ Iode.	ʒ ij . . .	ʒ ij ß . .	ʒ iij. . .	ʒ iv.
Iodure de potassium.	ʒ iv . . .	ʒ v . . .	ʒ vj. . .	ʒ viij.
Eau distillée	℥ vj. . . .	℥ vj . . .	℥ vj. . .	℥ vj.

Les bains iodurés doivent être préparés dans des baignoires de bois et non point dans des baignoires de cuivre ni de zinc, à cause de la tendance très-forte de l'iode à former des combinaisons chimiques. Les baignoires de bois donnent lieu, il est vrai, à la formation d'une certaine quantité d'acide hydriodique; mais cette combinaison n'altère point la nature du bain ; elle ne fait qu'en diminuer le degré de force, et cet inconvénient diminue graduellement à mesure que, par l'usage, le bois perd de sa partie extractive et se trouve au contraire plus imprégné d'iode.

L'action locale des bains iodurés est surtout remarquable par son intensité relativement à celle de la solution iodurée qui sert à composer un bain, puisque la solution la plus forte ne donne point un grain d'iode par litre d'eau.

La peau en est rubéfiée légèrement; quelquefois cette rubéfaction est très-marquée, l'épiderme est écaillé, surtout aux bras et aux jambes.

Le tissu cutané acquiert une teinte jaune très-prononcée qui s'affablit ordinairement d'un bain à l'autre, mais qui, dans quelques cas, ne s'efface guère; de sorte que le corps est jaune pendant tout le temps que les malades prennent des bains.

Les bains iodurés ne sont pas encore en activité à l'hôpital Saint-Louis. Depuis la publication de mon Mémoire sur ce nouveau mode d'application de l'iode, j'ai attendu un temps moral avant de demander au conseil que les bains iodurés fissent partie des bains de nature diverse accordés aux malades de l'hôpital ainsi qu'à ceux du traitement externe.

Cette demande sera opportune très-incessamment, et j'ai d'autant plus lieu d'espérer qu'elle sera accueillie du Conseil général, que l'introduction des bains iodurés n'augmentera point le nombre numérique des bains qu'on distribue chaque année à l'hôpital Saint-Louis; il n'y aura que changement d'espèce de bains pour une classe particulière de maladies; car le nombre de bains hydrosulfurés diminuera en proportion rigoureuse de celui des bains iodurés, puisque ceux-là seront remplacés par ceux-ci dans le traitement des maladies scrofuleuses.

Ce que j'ai dit plus haut de l'action locale et générale des bains iodurés et de leur efficacité est loin d'être purement spéculatif.

En ville et en province, je fais usage de ces bains pour le plus grand nombre de malades scrofuleux au traitement ioduré. Leurs effets généraux méritent l'attention la plus sérieuse des praticiens; ils peuvent opérer les changemens les plus profonds, les plus salutaires dans l'économie.

J'ai présentes à mon esprit trois jeunes demoiselles tuberculeuses ophthalmiques depuis leur première enfance, offrant tous les caractères de la cachexie scrofuleuse. Chez elles, le traitement ioduré a produit les effets les plus heureux; elles ont pris jusqu'à quatre bains iodurés par semaine.

Il y a environ un an, on a conduit à ma consultation un écolier de 10 ans qui avait la tête moitié enfoncée dans un collier tuberculeux ulcéré; cet enfant faisait compassion à voir; il est guéri depuis le mois de novembre dernier. J'attribue la rapidité de sa guérison, d'abord, à l'exactitude du traitement en général, et, en particulier, au nombre de bains iodurés dont il a fait usage.

Je suis intimement convaincu que le malade qui fait le sujet de l'observation vingt-septième a dû principalement sa guérison aux bains iodurés.

Cette médication n'a pas été moins utile au malade de l'observation vingt-huitième et à un plus grand nombre d'autres dont je me dispenserai de parler en particulier.

Je dois cependant faire observer que, dans la plupart des cas dont je m'occupe en ville, les détails du traitement sont exécutés avec plus de soin, et que cette exactitude dans l'application du remède est d'autant plus efficace qu'elle est généralement secondée par un bon régime alimentaire, et par un régime tonique sous tous, ou presque tous les rapports. Je dis presque tous, car on est contrarié quelquefois par l'exposition de l'appartement qui n'est que trop souvent au nord, et trop rarement au levant, ou au midi.

J'aurais désiré faire des expériences plus directes pour connaître le degré d'efficacité des bains iodurés.

Il aurait fallu pour cela traiter une série de malades scrofuleux par des bains iodurés seulement et sans autre application locale ni intérieure d'iode. Je ferai cette expérience aussitôt que les bains iodurés seront ouverts à l'hôpital Saint-Louis, et je ne manquerai point d'en faire connaître les résultats.

FIN.

TABLE DES MATIÈRES.

14*

SECONDE PARTIE.

FIN DE LA TABLE.

www.ingramcontent.com/pod-product-compliance
Ingram Content Group UK Ltd.
Pitfield, Milton Keynes, MK11 3LW, UK
UKHW020951230726
13923UKWH00007B/242

9 782019 289928